KB087873

부와 성공을 부르는
하루 한 줄 명언

—————— … ——————

부자력

이민숙 지음

 동양북스

궁금했다.
어떻게 하면 부를 쌓을 수 있는지.

부에 대해 공부하기 시작했다.
그리고 수백 권의 책을 읽으며 답을 찾았다.

우리는 부자＝돈이라는 막연한 생각만으로 부를 논한다.
그러나 부는 실현되기 전 마음가짐에서 탄생한다.
부자 마인드와 성공 마인드를 장착하는 일이 첫 번째다.

책상 위에 부자력을 놓는 것부터 시작하자.
매일 한 장씩 달력을 넘기며 위대한 성공과 부를 일군
사람들의 메시지를 마음에 새기자.
이 일력이 부자를 꿈꾸는 모든 사람에게
든든한 동반자가 될 것임을 확신한다.

경제적 자유를 이루는 그날을 꿈꾸며
모두가 부자 되기를 소망한다.

부와 성공을 부르는 하루 한 줄 명언

부자력

1판 1쇄 인쇄 | 2023년 11월 1일
1판 1쇄 발행 | 2023년 11월 30일

지은이 이민숙
발행인 김태웅
책임편집 정상미, 엄초롱
디자인 A.u.H design 이선영, 권숙영
마케팅 총괄 김철영
마케팅 서재욱, 오승수
온라인 마케팅 김도연
인터넷 관리 김상규
제작 현대순
총무 윤선미, 안서현, 지이슬
관리 김훈희, 이국희, 김승훈, 최국호

발행처 (주)동양북스
등록 제2014-000055호
주소 서울시 마포구 동교로22길 14 (04030)
구입 문의 전화 (02)337-1737 | 팩스 (02)334-6624
내용 문의 전화 (02)337-1739 | 이메일 dymg98@naver.com
네이버포스트 post.naver.com/dymg98
인스타그램 @shelter_dybook

ISBN 979-11-5768-969-9 (03190)

＊이 책은 저작권법에 의해 보호받는 저작물이므로 무단 전재와 무단 복제를 금합니다.
＊잘못된 책은 구입처에서 교환해드립니다.
＊(주)동양북스에서는 소중한 원고, 새로운 기획을 기다리고 있습니다.
  http://www.dongyangbooks.com

지은이

이민숙

서강대학교 경제대학원에서 경제제도학 석사 학위를 받았다. 워런 버핏의 투자관을 교육관에 접목해 사교육 없이도 세 아이를 영어 능통자로 키워낸 엄마표 학습의 전설이다. 오십이 넘어 시작한 운동으로 피트니스 대회에 출전, 《50, 우아한 근육》이란 책을 펴냈다. 이후 클래스101에 '인생 후반전을 좌우하는 우아한 근육 만들기' 강좌를 론칭했다. 2022년에는 목일신아동문학상을 수상하며 동화 작가로 등단했다.

이토록 놀라운 행보가 가능했던 가장 큰 이유는 20대부터 꾸준히 부자들의 이야기에 귀를 기울여왔기 때문이다. 막대한 부를 일군 사람들의 말에는 부를 끌어당기는 힘(자력), 부자가 되는 힘(능력)이 있다고 믿는다. 많은 독자가 그 힘들을 하루 한 문장 명언으로 접하며 성공과 부에 다가갈 수 있도록 이 책을 집필했다. 현재 '우리클(우아한 리치북클럽)'을 운영, 부자들의 부와 성공에 깃든 힘을 함께 치열하게 공부하며 삶에서 실천하고 있다.

돈은 쫓을수록

손에 쥐기 힘들어진다.

· 마이크 테이텀 ·

* * *

The more you chase money,

the harder it is to catch it.

· Mike Tatum ·

January

December

30

누군가 돈이 아니라 원칙이 중요하다고 말할 때
그것은 결국 돈의 문제다.

· 아르테머스 와드 ·

* * *

When a fellow says
it ain't the money but the principle of the thing,
it's the money.

· Artemus Ward ·

돈을 모으는 것과
부를 지키는 것은 다르다.

· 모건 하우절 ·

* * *

Getting money is one thing.
Keeping it is another.

· Morgan Housel ·

December

29

중요한 것은 돈이나 인맥이 아니라
누구보다 더 열심히 일하고 배우려는 의지다.

· 마크 큐번 ·

* * *

It's not about money or connections,
it's the willingness to outwork
and outlearn everyone.

· Mark Cuban ·

02

돈이 유일한 해답은 아니지만

차이를 만들어낸다.

· 버락 오바마 ·

* * *

Money is not the only answer,

but it makes a difference.

· Barack Obama ·

December

28

시간이 아니라 마음으로 돈을 벌라.

· 나발 라비칸트 ·

* * *

Earn with your mind, not your time.

· Naval Ravikant ·

03

목표 설정은 보이지 않는 것을
보이게 만드는 첫 단계다.

· 토니 로빈스 ·

* * *

Setting goals is the first step
in turning the invisible into the visible.

· Tony Robbins ·

27

성공은 동시다발적으로 이루어지는 것이 아니라
차례대로 하나씩 이루어진다.

· 게리 켈러 ·

* * *

Success is sequential,
not simultaneous.

· Gary Keller ·

January

04

부자는 시간에 투자하고
가난한 사람은 돈에 투자한다.
· 워런 버핏 ·

* * *

The rich invest in time,
the poor invest in money.
· Warren Buffett ·

December

26

승자는 절대 포기하지 않고

그만두는 사람은 결코 승리하지 못한다.

이기는 것이 전부가 아니라 유일한 것이다.

이기는 것은 습관이다. 불행히도 지는 것도 습관이다.

· 빈스 롬바디 ·

* * *

Winners never quit and quitters never win.

Winning isn't everything, it's the only thing.

Winning is habit. Unfortunately,

so is losing.

· Vince Lombardi ·

내가 죽이는 시간이 나를 죽인다.

· 메이슨 쿨리 ·

* * *

The time I kill is killing me.

· Mason Cooley ·

December

25

나의 잠재의식에 반복적으로 새긴 꿈은

반드시 현실이 된다.

· 나폴레온 힐 ·

* * *

The destination of my dream inscribed

in my subconscious mind on

a repeated basis will become a reality.

· Napoleon Hill ·

January

06

이 세상 어디를 봐도
기회는 어려움 속에서 생긴다.

· 넬슨 록펠러 ·

* * *

Wherever we look upon this earth,
the opportunities take shape
within the problem.

· Nelson Rockefeller ·

24

최고의 투자 성과는
다른 사람들이 간과하고 있는 것을
찾는 데서 온다.

· 존 템플턴 ·

* * *

The best investment performance
comes from finding something
that others are overlooking.

· John Templeton ·

07

당신이 무언가를 결정하면

우주는 그 일이 일어나도록 도와준다.

· 랠프 월도 에머슨 ·

* * *

Once you make a decision,

the universe conspires to make it happen.

· Ralph Waldo Emerson ·

부의 시작은 작은 씨앗이 자라

나무가 되는 것과 같다.

· 조지 S. 클래이슨 ·

* * *

Wealth, like a tree,

grows from a tiny seed.

· George S. Clason ·

January

08

자신을 긍정적인 생각과
기분들로 채우라.

· 론다 번 ·

* * *

**Fill yourself with
positive thoughts and feelings.**

· Rhonda Byrne ·

December

22

가진 것에 감사하라.
당신은 결국 더 가지게 될 것이다.
· 오프라 윈프리 ·

* * *

Be thankful for what you have;
you'll end up having more.
· Oprah Winfrey ·

January

09

당신의 수많은 선택지를 줄이라.

· 매슈 매코너헤이 ·

* * *

Decrease your options.

· Matthew McConaughey ·

December

21

당신은 당신이 믿는 대로다.

· 네빌 고다드 ·

* * *

You are what you believe yourself to be.

· Neville Goddard ·

10

부 축적의 기반이 되는 것은
당신의 수입이다.

· 토머스 J. 스탠리 ·

* * *

The foundation stone of
wealth accumulation is your income.

· Thomas J. Stanley ·

December

20

나보다 출발이 빠른 선수들이 있겠지만,

나는 끝에 강한 선수다.

· 우사인 볼트 ·

* * *

There are better starters than me

but I'm a strong finisher.

· Usain Bolt ·

January

11

성공을 생각하는 사람에게는
성공이 찾아온다.
실패를 생각하는 사람에게는
실패가 찾아온다.

· 나폴레온 힐 ·

* * *

Success comes to those who become
success conscious. Failure comes to those who
indifferently allow themselves to
become failure conscious.

· Napoleon Hill ·

December

19

나는 잘 정돈된 삶을 살기 위해
절약이 필수적이라고 믿는다.

· 존 록펠러 ·

* * *

I believe that thrift is essential
to well-ordered living.

· John Rockefeller ·

부는 돈을 많이 가진 것이 아니라
선택권을 많이 가진 것이다.

· 크리스 록 ·

* * *

Wealth is not about having a lot of money;
it's about having a lot of options.

· Chris Rock ·

18

당신이 1달러만 가지고 있어도

그 돈을 관리하라.

· T. 하브 에커 ·

* * *

Even if you only have one dollar,

manage that dollar.

· T. Harv Eker ·

가치를 창출하는 데 집중하면
돈은 자연스레 따라올 것이다.

· 브렌던 버처드 ·

* * *

Focus on creating value
and the money will take care of itself.

· Brendon Burchard ·

승리는 가장 끈기 있는 자에게 돌아간다.

· 나폴레옹 보나파르트 ·

* * *

Victory belongs to the most persevering.

· Napoléon Bonaparte ·

January

14

끝까지 해내는 것이 완벽한 것보다 낫다.

· 마크 저커버그 ·

* * *

Done is better than perfect.

· Mark Zuckerberg ·

December

16

우주는 풍족하며

당신이 원하는 모든 것은 당신의 것이 될 수 있다.

· 론다 번 ·

* * *

The universe is abundant,

and everything you desire can and will be yours.

· Rhonda Byrne ·

January

15

'언젠가'는 당신의 꿈을
무덤으로 가져갈 질병이다.

· 팀 페리스 ·

* * *

'Someday' is a disease that
will take your dreams to the grave with you.

· Tim Ferriss ·

15

강세장 뒤에 약세장,
그 뒤에 강세장이 항상 있을 것이다.

· 존 템플턴 ·

* * *

There will always be bull market followed
by bear markets followed by bull markets.

· John Templeton ·

당신을 부자로 만드는 것은
당신의 월급이 아니다.
그것은 당신의 소비 습관이다.

· 찰스 A. 자페 ·

* * *

It's not your salary that makes you rich.
It's your spending habits.

· Charles A. Jaffe ·

December

14

낭비한 시간에 대한 후회는
더 큰 시간 낭비다.
· 메이슨 쿨리 ·

* * *

Regret for wasted time is
more wasted time.
· Mason Cooley ·

January

17

명심하라.
자신을 위해 부를 창출하는 비결은
다른 사람들을 위해 부를 창출하는 것이다.

· 존 템플턴 ·

* * *

Never forget:
the secret of creating riches for oneself is
to create them for others.

· John Templeton ·

복리는 이전에 벌어들인 이자로
이자를 벌어들이는 힘이다.

· 찰스 멍거 ·

* * *

Compound interest is the power of earning
interest on previously earned interest.

· Charles Munger ·

January

18

당신의 시간은 한정되어 있다.
그러니 다른 사람의 삶을 사느라
시간을 낭비하지 말라.

· 스티브 잡스 ·

* * *

Your time is limited,
so don't waste it living someone else's life.

· Steve Jobs ·

December

12

언제까지 시도해야 할까?

될 때까지.

· 짐 론 ·

* * *

How long should you try?

Until.

· Jim Rohn ·

가난하게 태어난 건 당신의 잘못이 아니다.
그러나 가난하게 죽는 건 당신의 잘못이다.

· 빌 게이츠 ·

* * *

If you are born poor, it's not your mistake.
But if you die poor, it's your mistake.

· Bill Gates ·

December

11

돈을 버는 것은
당신이 가지고 있는 다른 취미들을
아름답게 보완해줄 취미다.

· 스콧 알렉산더 ·

* * *

Making money is
a hobby that will complement
any other hobbies you have, beautifully.

· Scott Alexander ·

January

20

당신이 포기하지 않으면
아직 기회는 있다.
포기하는 것이 가장 큰 실패다.

· 마윈 ·

* * *

If you don't give up, you still have a chance.
Giving up is the greatest failure.

· Ma Yun ·

December

10

나는 지혜롭게 배우며
다양한 경로를 통해 큰 부를 이루어낼 것이다.

· 밥 프록터 ·

* * *

I learn wisely and will achieve greater wealth
through multiple sources.

· Bob Proctor ·

January

21

나는 백만장자의 사고방식을 가지고 있다.

· T. 하브 에커 ·

* * *

I have a millionaire mindset.

· T. Harv Eker ·

December

09

당신의 운명이 결정되는 것은
결심하는 그 순간이다.

· 토니 로빈스 ·

* * *

It is in the moment of decisions
that your destiny is shaped.

· Tony Robbins ·

January

22

버는 것보다 적게 쓰라.

· 배리 리트홀츠 ·

* * *

Spend less than you earn.

· Barry Ritholtz ·

December

08

나는 인생에서 몇 번이고 반복해서 실패했고

그것이 내가 성공한 이유다.

· 마이클 조던 ·

* * *

I've failed over and over and over again in my life

and that is why I succeed.

· Michael Jordan ·

돈을 두 배로 불리는 안전한 방법은
한 번 접어서 주머니에 넣는 것이다.

· 킨 허버드 ·

* * *

The safe way to double your money is
to fold it over once and put it in your pocket.

· Kin Hubbard ·

December

07

명확한 목표가 없으면
우리는 사소한 일상에 충성하다
결국 그 일상의 노예가 되고 만다.

· 로버트 A. 하인라인 ·

* * *

In the absence of clearly-defined goals,
we become strangely loyal to performing daily
trivia until ultimately we become enslaved by it.

· Robert A. Heinlein ·

January

24

매일 배우라,
특히 다른 사람들의 경험에서.
그게 더 저렴하다!

· 존 보글 ·

* * *

Learn everyday,
but especially from the experiences of others.
It's cheaper!

· John Bogle ·

기억하라.

기회의 문을 두드렸을 때

응답하는 것은 일이다!

· 브렌던 버처드 ·

* * *

Remember:

when you knock on the door of opportunity,

it is work who answers!

· Brendon Burchard ·

January

25

주식을 소유하는 것은 자식을 갖는 것과 같다.
당신이 감당할 수 있는 것 이상으로 관여하지 말라.

· 피터 린치 ·

* * *

Owning stocks is like having children.
Don't get involved with more than you can handle.

· Peter Lynch ·

실패는 성공의 반대가 아니라

성공의 일부다.

· 아리아나 허핑턴 ·

* * *

Failure is not opposite of success,

it's a part of success.

· Arianna Huffington ·

January

26

우리의 힘보다 인내심으로
더 많은 일을 이룰 수 있다.

· 에드먼드 버크 ·

* * *

Our patience will achieve
more than our force.

· Edmund Burke ·

04

행동은 에너지를 창출한다.

· 로버트 기요사키 ·

* * *

Action creates energy.

· Robert Kiyosaki ·

January

27

돈이 성공을 만드는 것이 아니라
자유가 성공을 만든다.

· 넬슨 만델라 ·

* * *

Money won't create success,
the freedom to make it will.

· Nelson Mandela ·

December

03

잠재의식은 당신이 바꾸고 싶은
모든 나쁜 습관과 행동이 모여 있는 곳이다.

· 조 디스펜자 ·

* * *

The subconscious is
where all your bad habits and behaviors
that you want to change reside.

· Joe Dispenza ·

January

28

로또로 부자가 되는 유일한 방법은
로또 회사를 차리는 것이다.

· 닐 더그래스 타이슨 ·

* * *

The only way to get rich from a lottery ticket
is to start a lottery company.

· Neil deGrasse Tyson ·

December

02

어떻게든 해내겠다는 마음가짐으로
모든 상황에 임하라.

· 그랜트 카돈 ·

* * *

Approach every situation
with whatever it takes mindset.

· Grant Cardone ·

January

29

중산층은 물건을 가지고 있고
부자들은 돈을 가지고 있다.

· 로버트 기요사키 ·

* * *

The middle class have things,
the rich have money.

· Robert Kiyosaki ·

01

준비된 돈이야말로 알라딘의 램프다.

· 바이런 ·

* * *

Ready money is Aladdin's lamp.

· Byron ·

January

30

굶주린 사람은 자유로운 사람이 아니다.

· 아들라이 스티븐슨 ·

* * *

A hungry man is not a free man.

· Adlai Stevenson ·

December

January

31

나는 행운을 굳게 믿으며
더 열심히 일할수록
더 많은 행운이 따른다는 것을 안다.

· 토머스 제퍼슨 ·

* * *

I'm a great believer in luck,
and I find the harder I work
the more I have of it.

· Thomas Jefferson ·

30

당신이 하기 싫은 일에 대해 말하지 말고
좋아하는 일에 대해 이야기하라.

· 로빈 샤르마 ·

* * *

Don't talk about what you hate to do,
talk about what you love to do.

· Robin Sharma ·

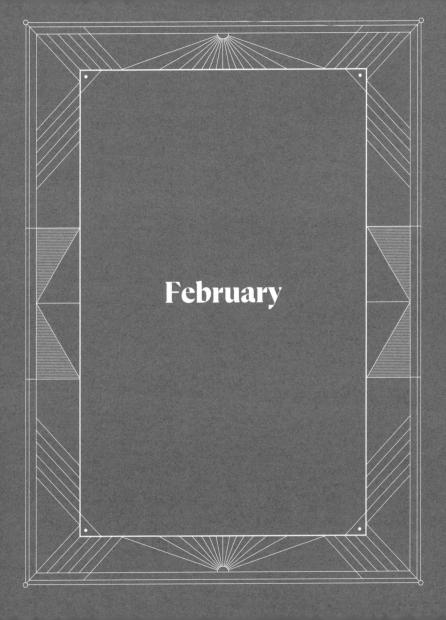

February

29

성장을 위한 진정한 투자 목표는
단순한 이익 창출이 아니라
손실을 피하는 것이다.

· 필립 피셔 ·

* * *

The true investment objective of growth is
not just to make gains but to avoid loss.

· Philip Fisher ·

February

01

돈 없이도 행복할 수 있다는 생각은
일종의 정신적 속물근성이다.

· 알베르 카뮈 ·

* * *

It is a kind of spiritual snobbery
that makes people think
they can be happy without money.

· Albert Camus ·

November

28

좋아하지도 않는 사람들에게
멋진 인상을 주기 위해
필요 없는 물건을 사들이는 것을 그만두라.

· 수지 오먼 ·

* * *

Stop buying things you don't need,
to impress people you don't even like.

· Suze Orman ·

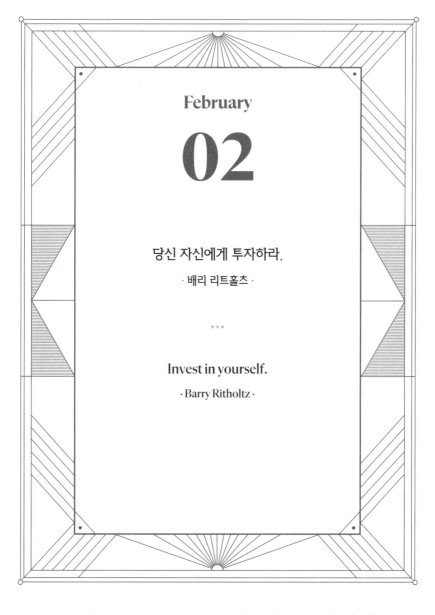

February

02

당신 자신에게 투자하라.

· 배리 리트홀츠 ·

* * *

Invest in yourself.

· Barry Ritholtz ·

November

27

당신이 얼마나 끈기 있느냐에 따라

당신의 성공이 결정된다.

· 스티브 발머 ·

* * *

It's how tenacious you are

that will determine your success.

· Steve Ballmer ·

February

03

나는 꾸준한 저축과 투자를 통해
큰 부를 이룬다.

· 데이브 램지 ·

* * *

I achieve abundant wealth through
consistent saving and investment.

· Dave Ramsey ·

26

돈은 우리가 삶의 에너지를
교환하기 위해 선택한 것이다.

· 비키 로빈 ·

* * *

Money is something
we choose to trade our life energy for.

· Vicki Robin ·

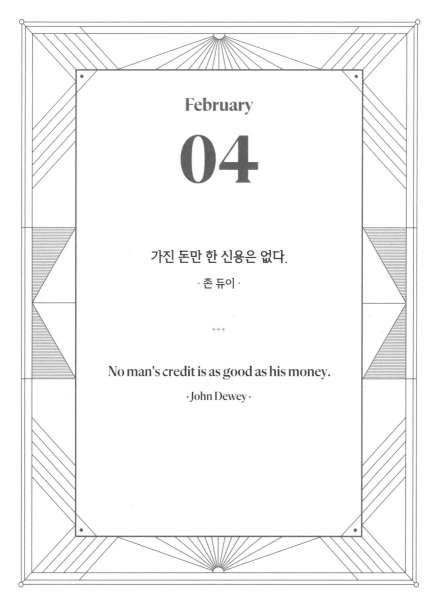

February

04

가진 돈만 한 신용은 없다.

· 존 듀이 ·

* * *

No man's credit is as good as his money.

· John Dewey ·

November

25

성공은 목적지가 아니라
끊임없는 성장과 발전의 여정이다.

· 밥 프록터 ·

* * *

Success is not a destination;
it's a journey of constant growth and improvement.

· Bob Proctor ·

05

우수한 기업들의 주식을 소유할 때
시간은 당신의 편이 될 것이다.
· 피터 린치 ·

* * *

Time is on your side when
you own shares of superior companies.
· Peter Lynch ·

November

24

나쁜 일이 생길 때, 그것은 기회다.

· 레이 달리오 ·

* * *

When something bad happens,
it is an opportunity.

· Ray Dalio ·

February

06

당신이 가진 돈은 당신에게 자유를 주고
당신이 쫓는 돈은 당신을 노예로 만든다.

· 장 자크 루소 ·

* * *

The money you have gives you freedom;
the money you pursue enslaves you.

· Jean Jacques Rousseau ·

November

23

부는 돈을 갖고 있는 것이고
부유함은 시간을 갖고 있는 것이다.

· 마거릿 보나노 ·

* * *

Being rich is having money;
being wealthy is having time.

· Margaret Bonnano ·

February

07

나는 내가 틀렸을 때를 알기에 부자다.
나는 나의 실수를 인정함으로써 살아남았다.

· 조지 소로스 ·

* * *

I'm only rich because I know when I'm wrong.
I basically have survived by
recognizing my mistakes.

· George Soros ·

November

22

돈에 대해 신중하지 않으면
당신은 결코 많은 돈을 벌 수 없을 것이다.

· 그랜트 카돈 ·

* * *

If you don't get serious about your money,
you will never have serious money.

· Grant Cardone ·

February

08

모든 사람은 비범해질 수 있는
잠재력을 가지고 있다.

· 카산드라 클레어 ·

* * *

Everyone has the potential
to be extraordinary.

· Cassandra Clare ·

November

21

어리석은 사람들과 논쟁하지 말라.
그들은 당신을 자신의 수준으로 끌어내린 다음
경험으로 이길 것이다.

· 마크 트웨인 ·

* * *

Never argue with stupid people,
they will drag you down to their level
and then beat you with experience.

· Mark Twain ·

February

09

만약 누군가 당신에게 멋진 기회를 준다면
당신이 할 수 있을지 확신이 없다고 해도
일단 "네"라고 말하라.
그다음 어떻게 하는지 배우라.

· 리처드 브랜슨 ·

* * *

If someone offers you an amazing opportunity
but you're not sure you can do it, say yes,
then learn how to do it later.

· Richard Branson ·

November

20

경제적 자유와 엄청난 부의 핵심은 간단하다.
벌어들이는 것보다 적게 쓰라.

· 데이비드 바크 ·

* * *

The key to financial freedom
and great wealth is simple:
spend less than you make.

· David Bach ·

저축만 하는 사람은
오늘날의 경제에서 패자다.

· 로버트 기요사키 ·

* * *

Savers are losers in today's economy.

· Robert Kiyosaki ·

19

당신은 현금 더미 위에 앉거나
계속 성장한다.

· 가우탐 아다니 ·

* * *

Either you sit on the pile of cash,
or you continue to grow.

· Gautam Adani ·

당신이 이해할 수 없는 사업에는

절대 투자하지 말라.

· 워런 버핏 ·

* * *

Never invest in a business

you can't understand.

· Warren Buffett ·

부자가 되는 것은
당신이 돈을 얼마나 가졌는지가 아니라
어떻게 살아가는지에 달려 있다.

· 게리 바이너척 ·

* * *

Being rich is
not about how much money you have,
but how you live your life.

· Gary Vaynerchuk ·

성공하기 위해서, 먼저 우리 자신이
할 수 있다는 것을 믿어야 한다.
· 니코스 카잔차키스 ·

* * *

In order to succeed,
we must first believe that we can.
· Nikos Kazantzakis ·

November

17

실제 세상은
상상 속 세상보다 훨씬 작다.

· 프리드리히 니체 ·

* * *

The real world is much smaller
than the imaginary.

· Friedrich Nietzsche ·

February

13

어떤 손실도 회복하려고 애쓰지 말라.
하나의 손실을 그것으로 끝내는 것이
가장 현명한 조치다.

· 앤드루 카네기 ·

* * *

Do not strive to recover any loss.
To turn one loss into the final loss
is the wisest course of action.

· Andrew Carnegie ·

November

16

나는 내가 원하는 것을 끌어당길 것이다.

· 밥 프록터 ·

* * *

I'll attract what I want.

· Bob Proctor ·

February

14

부는 인생을 충분히 경험할 수 있게 해준다.

· 헨리 데이비드 소로 ·

* * *

Wealth is the ability
to fully experience life.

· Henry David Thoreau ·

November

15

현대 자본주의는 두 가지에 능하다.

부를 만들어내는 것과 부러움을 일으키는 것.

· 모건 하우절 ·

* * *

Modern capitalism is a pro at two things:

generating wealth and generating envy.

· Morgan Housel ·

15

우리의 첫 번째 질문은
'왜?'가 아니라 '어떻게?'여야만 한다.
'어떻게?'는 해답을 찾지만
'왜?'는 변명을 찾는다.

· 보도 섀퍼 ·

* * *

Our first question should not be
'Why?' but rather 'How?'. 'How?' seeks answers,
whereas 'Why?' looks for excuses.

· Bodo Schäfer ·

November

14

무료는 이상한 가격이다.
그렇다. 그것은 가격이다.

· 댄 애리얼리 ·

* * *

Free is a strange price,
and yes, it is a price.

· Dan Ariely ·

돈은 전쟁의 동력이자 사랑의 동력이다.

· 토머스 풀러 ·

* * *

Money is the sinew of love as well as war.

· Thomas Fuller ·

13

제대로 준비된 사람들에게
약세장은 재앙이 아니라 기회다.

· 존 템플턴 ·

* * *

For those properly prepared,
the bear market is not only a calamity
but an opportunity.

· John Templeton ·

February

17

위대한 이들은 목적을 갖고
그 외의 사람들은 소원을 갖는다.

· 워싱턴 어빙 ·

* * *

Great minds have purposes,
others have wishes.

· Washington Irving ·

12

약한 사람은 복수한다.
강한 사람은 용서한다.
지혜로운 사람은 무시한다.

· 알베르트 아인슈타인 ·

* * *

Weak people revenge.
Strong people forgive.
Intelligent people ignore.

· Albert Einstein ·

18

부자가 되고 싶다면
버는 것만큼 모으는 것도 생각하라.

· 벤저민 프랭클린 ·

* * *

If you would be wealthy,
think of saving as well as getting.

· Benjamin Franklin ·

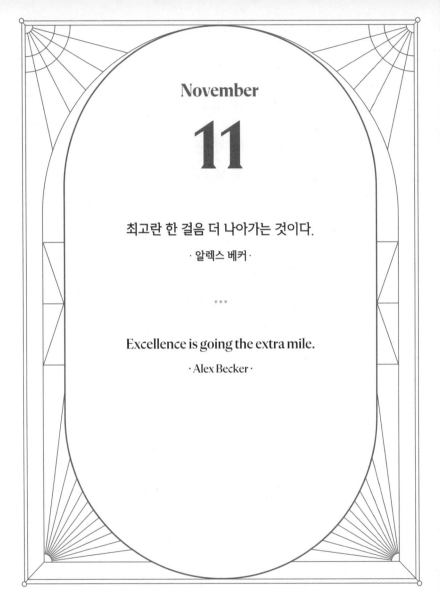

November

11

최고란 한 걸음 더 나아가는 것이다.

· 알렉스 베커 ·

* * *

Excellence is going the extra mile.

· Alex Becker ·

February

19

비난하는 사람들을 두려워하지 말라.

그들 없이는 당신의 잠재력에 도달할 수 없다.

· 그랜트 카돈 ·

* * *

Never fear the haters.

You can't reach your potential without them.

· Grant Cardone ·

10

돈으로 행복을 살 수는 없지만

돈이 없으면 불행을 사들이는 것은 분명하다.

· 대니얼 카너먼 ·

* * *

Money does not buy you happiness,

but lack of money certainly buys you misery.

· Daniel Kahneman ·

February

20

돈을 벌기 전에는 절대 쓰지 말라.

· 토머스 제퍼슨 ·

* * *

Never spend your money
before you have earned it.

· Thomas Jefferson ·

November

09

내가 뭔가를 말하면
그 일이 대부분 일어난다.
예정에 없었더라도
그 일은 대개 일어나게 된다.

· 일론 머스크 ·

* * *

I say something,
and then it usually happens.
Maybe not on schedule,
but it usually happens.

· Elon Musk ·

February

21

더 많이 배울수록
더 많이 벌 수 있다.

· 워런 버핏 ·

* * *

The more you learn, the more you earn.

· Warren Buffett ·

November

08

부는 대부분 열심히 일하고, 인내하며, 계획하고,
무엇보다도 자기 훈련을 하는 생활 방식의 결과다.

· 토머스 J. 스탠리 ·

* * *

Wealth is more often the result of
a lifestyle of hard work, perseverance,
planning, and, most of all, self-discipline.

· Thomas J. Stanley ·

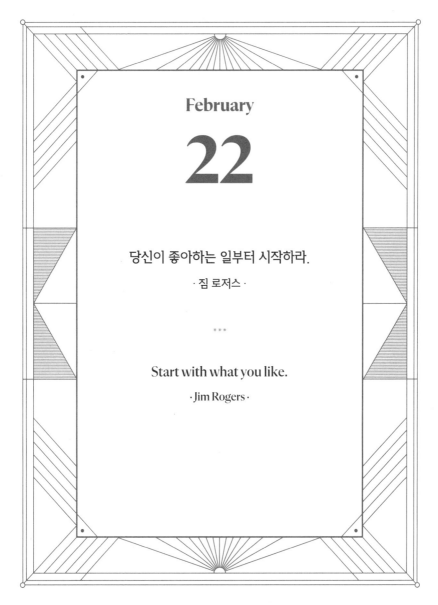

February

22

당신이 좋아하는 일부터 시작하라.

· 짐 로저스 ·

* * *

Start with what you like.

· Jim Rogers ·

November

07

비판을 피하려면 아무것도 하지 말고,

아무것도 말하지 말고, 아무것도 되지 말라.

· 엘버트 허버드 ·

* * *

To avoid criticism

do nothing, say nothing, be nothing.

· Elbert Hubbard ·

February

23

당신은 늘 돈으로 행복을 살 수 없다는 말을
들을 것이다. 그러나 나는 항상 마음 한편에 많은 돈으로
약간의 행복은 살 수 있다는 것을 알았다.

· 세르게이 브린 ·

* * *

You always hear the phrase, money doesn't buy
you happiness. But I always in the back of
my mind figured a lot of money will buy
you a little bit of happiness.

· Sergey Brin ·

November

06

자산은 내 주머니에 돈을 넣는 것이다.
부채는 내 주머니에서 돈을 빼 가는 것이다.

· 로버트 기요사키 ·

* * *

An asset puts money in my pocket.
A liability takes money out of my pocket.

· Robert Kiyosaki ·

24

모든 성취의 시작점은 열망이다.

· 나폴레온 힐 ·

* * *

The starting point of
all achievement is desire.

· Napoleon Hill ·

November

05

부자는 누구인가?

만족하는 이다.

만족하는 이는 누구인가?

그런 이는 없다.

· 벤저민 프랭클린 ·

* * *

Who is rich? He that is content.

Who is that? Nobody.

· Benjamin Franklin ·

February

25

성공은 당신에게 그냥 일어나는 일이 아니다.
당신과 당신이 하는 행동 때문에 일어나는 일이다.

· 스튜어트 와일드 ·

* * *

Success is not something that happens to you.
It's something that happens
because of you and the actions you take.

· Stuart Wilde ·

04

돈도 아니고 기술도 아니고
막대한 부를 창출하는 가장 큰 지렛대는
시간이다.

· 마노즈 아로라 ·

* * *

Not money, not skills,
but time is the biggest lever
for massive wealth creation.

· Manoj Arora ·

26

자신과 가족의 미래를 위해 소득의
10분의 1만 저축해도 금은 기꺼이 증가한다.

· 조지 S. 클래이슨 ·

* * *

Gold cometh gladly and in increasing quantity
to any man who will put by not less than
one-tenth of his earnings to create and
estate for his future and that of his family.

· George S. Clason ·

03

세계 뉴스에서
가장 낙관적인 논평만 읽으라.

· 월리스 와틀스 ·

* * *

Read only the most optimistic comments
on the world's news.

· Wallace Wattles ·

성공은 최고가 되는 것이 아니다.

늘 나아지는 것이다.

· 제프 베이조스 ·

· · ·

Success is not about being the best.

It's about always getting better.

· Jeff Bezos ·

November

02

당신의 마음 깊은 곳에
무한한 지성과 힘이 있음을 알라.

· 조셉 머피 ·

Know that in your deeper mind are
infinite intelligence and infinite power.

· Joseph Murphy ·

우리 자신을 사랑하면
우리 인생에 기적이 일어난다.

· 루이스 L. 헤이 ·

* * *

Loving ourselves
works miracles in our lives.

· Louise L. Hay ·

November

01

자는 동안 돈 버는 법을 찾아내지 못한다면
당신은 죽을 때까지 일해야만 할 것이다.

· 워런 버핏 ·

* * *

If you don't find a way
to make money while you sleep,
you will work until you die.

· Warren Buffett ·

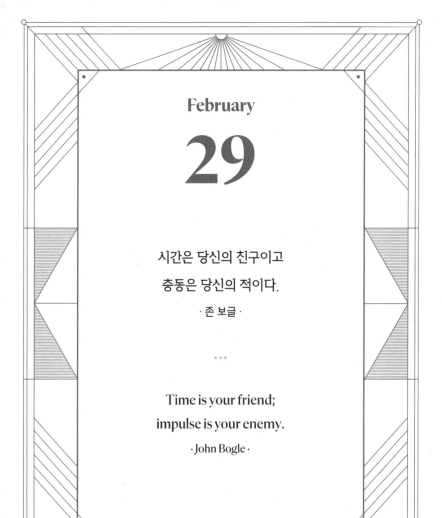

February

29

시간은 당신의 친구이고
충동은 당신의 적이다.

· 존 보글 ·

* * *

Time is your friend;
impulse is your enemy.

· John Bogle ·

November

March

October

31

부의 비밀은 돈을 벌기 위해
시간을 사용하는 것이 아니라
돈이 당신을 위해 시간을 벌게 하는 것이다.

· 로버트 기요사키 ·

* * *

The secret to wealth is
not to spend time earning money,
but to have money earn time for you.

· Robert Kiyosaki ·

March

01

돈이 전부는 아니지만
산소처럼 상위에 위치한다.

· 그랜트 카돈 ·

* * *

Money is not everything,
but it ranks right up there with oxygen.

· Grant Cardone ·

October

30

당신의 수입은
당신이 성장하는 만큼 커진다.

· 브렌던 버처드 ·

***

Your income can only grow to
the extent that you do.

· Brendon Burchard ·

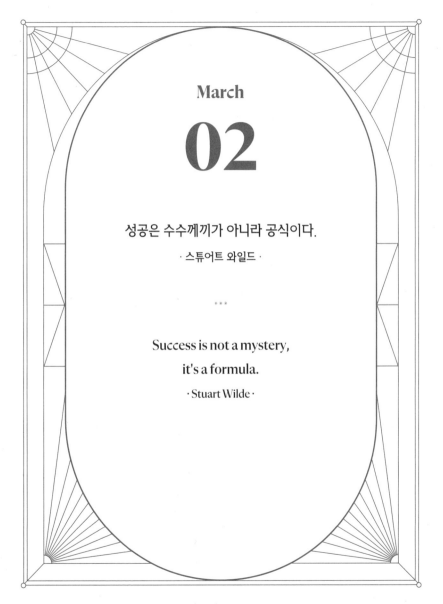

March

02

성공은 수수께끼가 아니라 공식이다.

· 스튜어트 와일드 ·

* * *

Success is not a mystery,
it's a formula.

· Stuart Wilde ·

October

29

좋은 것들에 더 집중하라.

· 론다 번 ·

* * *

Focus more on the good things.

· Rhonda Byrne ·

March

03

내가 번 수입의 일부를 내 것으로 두기로
결심했을 때 나는 부의 길을 찾았다.

· 조지 S. 클래이슨 ·

* * *

I found the road to wealth when I decided
that a part of all I earn was mine to keep.

· George S. Clason ·

28

최고의 투자자는
최고의 지식을 가진 사람들이 아니라
계획을 지키는 능력을 가진 사람들이다.

· 모건 하우절 ·

* * *

The best investors aren't the ones with
the most knowledge; they are the ones
who have the ability to stick to their plan.

· Morgan Housel ·

나는 내가 읽고 쓰는 것들은

반드시 적용하고 실행한다.

· 짐 퀵 ·

* * *

I apply and act on what I read and write.

· Jim Kwik ·

October

27

돈은 신용이다.

· 이즈미 마사토 ·

* * *

Money is credit.

· Izumi Masato ·

March

05

부자가 되는 길은 가진 돈을 쓰고
가지지 않은 돈은 쓰지 않는 것이다.
아주 간단하다.

· 빌 만 ·

* * *

The way to be rich is to spend money you have,
and to not spend money you don't have.
It's really that simple.

· Bill Mann ·

October

26

당신이 목표를 아주 높게 잡는다면
완전히 실패하기란 매우 어려울 것이다.

· 래리 페이지 ·

· · ·

It's very hard to fail completely
if you aim high enough.

· Larry Page ·

March

06

인내는 매우 중요하다.
당신이 억지로 그만둬야 하는 상황이 아니라면
절대 포기하지 말라.

· 일론 머스크 ·

* * *

Persistence is very important.
You should not give up unless
you are forced to give up.

· Elon Musk ·

October

25

나는 인생에서 다가오는
좋은 기회를 꽉 잡는다.

· 워런 버핏 ·

* * *

I seize the good opportunities
that come my way.

· Warren Buffett ·

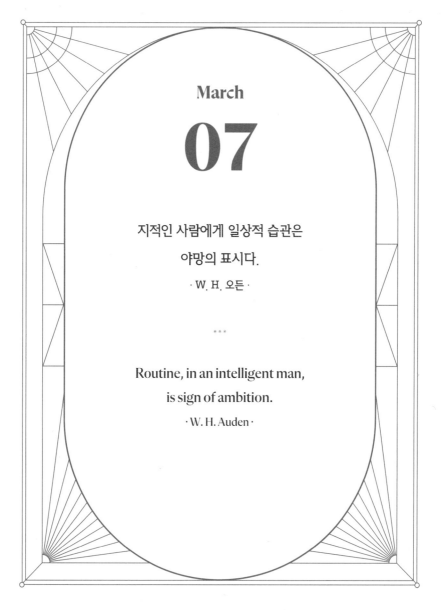

March

07

지적인 사람에게 일상적 습관은
야망의 표시다.

· W. H. 오든 ·

* * *

Routine, in an intelligent man,
is sign of ambition.

· W. H. Auden ·

October

24

부는 소금물과 같다.
마시면 마실수록 더 목마르다.

· 아르투어 쇼펜하우어 ·

* * *

Wealth is like salt water.
The more you drink it,
the more thirsty you get.

· Arthur Schopenhauer ·

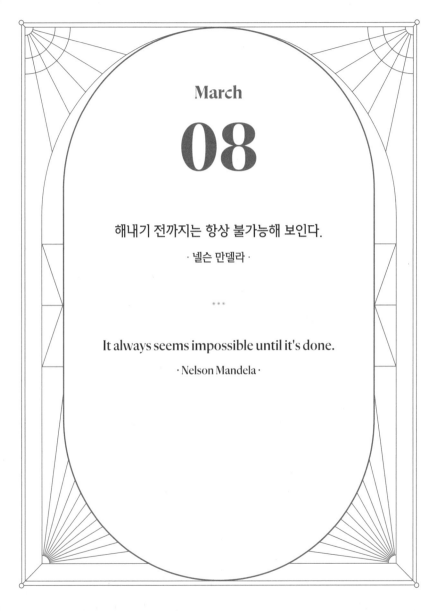

March

08

해내기 전까지는 항상 불가능해 보인다.
· 넬슨 만델라 ·

* * *

It always seems impossible until it's done.
· Nelson Mandela ·

October

23

당신이 할 수 있다고 생각하든

할 수 없다고 생각하든

당신의 생각대로 된다.

· 헨리 포드 ·

* * *

Whether you think

that you can, or that you can't,

you are usually right.

· Henry Ford ·

March

09

습관을 잘 선택하라.
습관은 뇌의 도구 상자에서
가장 강력한 도구일 것이다.

· 레이 달리오 ·

* * *

Choose your habits well.
Habit is probably the most powerful tool
in your brain's toolbox.

· Ray Dalio ·

October

22

고통스러운 상황을 직면할 때마다
당신은 인생에서 잠재적으로
중요한 분기점에 있는 것이다.

· 레이 달리오 ·

* * *

Every time you confront something painful,
you are at a potentially important juncture
in your life.

· Ray Dalio ·

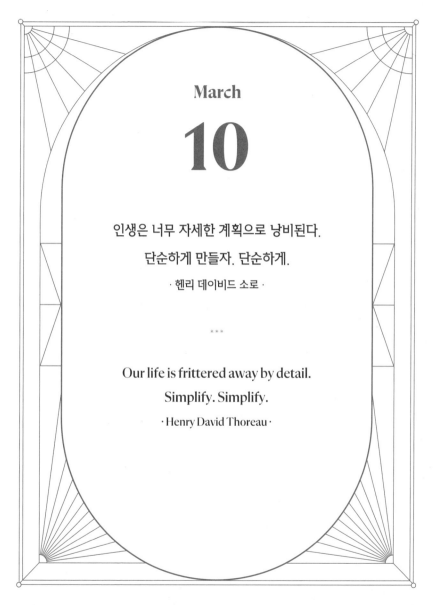

March

10

인생은 너무 자세한 계획으로 낭비된다.

단순하게 만들자. 단순하게.

· 헨리 데이비드 소로 ·

* * *

Our life is frittered away by detail.

Simplify. Simplify.

· Henry David Thoreau ·

October

21

헌신 없이 성과 없다.

· 그랜트 카돈 ·

* * *

No commitment equals no results.

· Grant Cardone ·

March

11

내 인생에서 책을 읽지 않는
현명한 사람은 만나본 적이 없다.
단 한 명도.
· 찰스 멍거 ·

* * *

In my whole life, I have known no
wise people who didn't read all the time,
none, zero.
· Charles Munger ·

October

20

승자와 패자를 구분하는 단 하나의 요소는

승자들은 행동에 나선다는 것이다.

· 토니 로빈스 ·

· · ·

The one thing that separates

the winners from the losers is,

winners take action.

· Tony Robbins ·

건초 더미에서 바늘을 찾지 말라.

그냥 건초 더미를 사라!

· 존 보글 ·

* * *

Don't look for the needle in the haystack.

Just buy the haystack!

· John Bogle ·

October

19

부자가 되고 싶다면
부자들이 매일 무엇을 하는지
관찰하고 따라 하라.

· 레스 브라운 ·

* * *

If you want to be rich watch
what rich people do everyday and do it.

· Les Brown ·

March

13

굳은 날을 대비해서 저축하지 말고
즐거운 날을 위해, 혹은 경제적 자유를 누릴
그날을 위해 저축하라.

· T. 하브 에커 ·

* * *

Instead of saving for a rainy day,
focus on saving for a joyous day or
for the day you win your financial freedom.

· T. Harv Eker ·

October

18

투자가 재미있다면
당신은 돈을 벌고 있는 게 아닐 것이다.
좋은 투자는 지루하다.

· 조지 소로스 ·

***

If investing is entertaining,
you're probably not making any money.
Good investing is boring.

· George Soros ·

March

14

당신이 당신의 돈을 통제해야 한다.
그렇지 않으면 가난이
당신을 영원히 통제할 것이다.

· 데이브 램지 ·

* * *

You must gain control over your money,
or the lack of it will forever control you.

· Dave Ramsey ·

17

당신이 축복을 생각하면

축복을 끌어당긴다.

· T. 하브 에커 ·

* * *

If you think of blessings,

you attract blessings.

· T. Harv Eker ·

15

돈은 쫓아다니는 것이 아니라
끌어당기는 것이다.

· 짐 론 ·

* * *

Money is usually attracted, not pursued.

· Jim Rohn ·

October

16

검소함은 다른 모든 미덕을 포함한다.

· 키케로 ·

* * *

Frugality includes all the other virtues.

· Cicero ·

16

부자는 가능성을 보는 반면
가난한 사람은 장애물을 본다.

· 로버트 기요사키 ·

* * *

The rich see possibilities,
while the poor see obstacles.

· Robert Kiyosaki ·

October

15

나는 나를 지탱해주는 감사의 마음에

진심으로 감사한다.

· 드웨인 존슨 ·

* * *

I am truly grateful for

the sense of gratitude that anchors me.

· Dwayne Johnson ·

March

17

위대한 일을 하기 위한 유일한 방법은
당신이 하는 일을 사랑하는 것이다.

· 스티브 잡스 ·

* * *

The only way to do great work
is to love what you do.

· Steve Jobs ·

14

부는 숨어 있다.

부는 쓰지 않는 수입이다.

· 모건 하우절 ·

* * *

Wealth is hidden.

It's income not spent.

· Morgan Housel ·

돈을 쫓지 말고 비전을 추구하라.
돈은 결국 당신을 따라올 것이다.

· 토니 셰이 ·

* * *

Chase the vision, not the money;
the money will end up following you.

· Tony Hsieh ·

October

13

수입과 관계없이
항상 소득 이하로 살라.

· 토머스 J. 스탠리 ·

* * *

Whatever your income,
always live below your means.

· Thomas J. Stanley ·

March

19

쓰지 않는 것은 돈을 버는 것과 같다.

· 존 램프턴 ·

* * *

Not spending is the same as making money.

· John Rampton ·

October

12

나는 내가 생각하는 것보다
훨씬 강하다.
· J. K. 롤링 ·

* * *

I am so much stronger
than I think I am.
· J. K. Rowling ·

할 수 있다고 믿으면

당신은 이미 반을 이룬 것이다.

· 시어도어 루스벨트 ·

* * *

Believe that you can and you're halfway there.

· Theodore Roosevelt ·

October

11

당신의 고통이 아니라
당신의 즐거움에 대해 말하라.

· 로빈 샤르마 ·

* * *

Don't talk about your pain,
talk about your pleasure.

· Robin Sharma ·

March

21

마음이 상상하고 믿는 대로
무엇이든 이룰 수 있다.

· 나폴레온 힐 ·

* * *

Whatever the mind can conceive and believe,
it can achieve.

· Napoleon Hill ·

October

10

무언가를 시작하고 싶다면
나이에 얽매이지 말라.

· 짐 로저스 ·

* * *

Age is irrelevant
if you want to start something.

· Jim Rogers ·

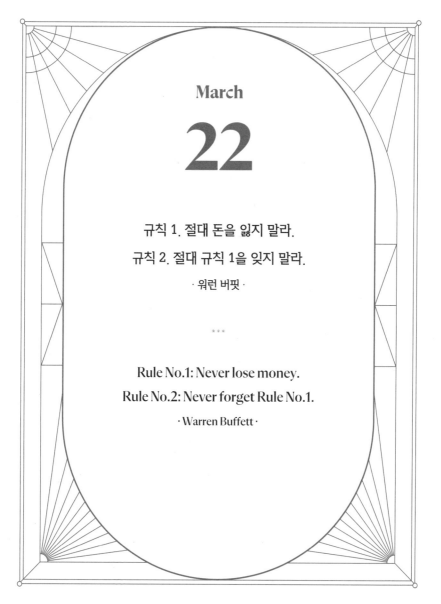

March

22

규칙 1. 절대 돈을 잃지 말라.

규칙 2. 절대 규칙 1을 잊지 말라.

· 워런 버핏 ·

* * *

Rule No.1: Never lose money.

Rule No.2: Never forget Rule No.1.

· Warren Buffett ·

October

09

당신이 무언가를 정말 하고 싶다면
방법을 찾을 것이다.
그렇지 않다면 변명을 찾을 것이다.

· 짐 론 ·

* * *

If you really want to do something,
you'll find a way.
If you do not, you'll find an excuse.

· Jim Rohn ·

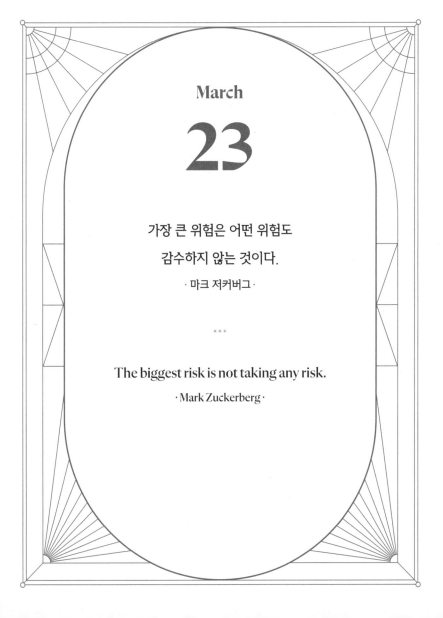

March

23

가장 큰 위험은 어떤 위험도
감수하지 않는 것이다.

· 마크 저커버그 ·

* * *

The biggest risk is not taking any risk.

· Mark Zuckerberg ·

October

08

당신의 상상력은
당신이 원하는 미래로 가는 다리다.
· 네빌 고다드 ·

∗ ∗ ∗

Your imagination is the bridge
to your desired future.
· Neville Goddard ·

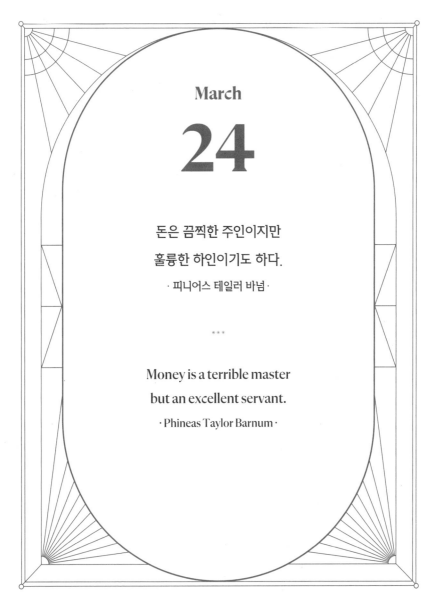

March

24

돈은 끔찍한 주인이지만
훌륭한 하인이기도 하다.

· 피니어스 테일러 바넘 ·

* * *

**Money is a terrible master
but an excellent servant.**

· Phineas Taylor Barnum ·

October

07

자기 자신을 인정하지 못하면

안정을 찾을 수 없다.

· 마크 트웨인 ·

* * *

A man cannot be comfortable

without his own approval.

· Mark Twain ·

March

25

부는 가진 사람이 아니라

즐기는 사람의 것이다.

· 벤저민 프랭클린 ·

* * *

Wealth is not his that has it,

but his that enjoys it.

· Benjamin Franklin ·

October

06

내가 원하는 것을 생각하고
그에 따라 행동할 것이다.

· 토드 허먼 ·

* * *

I will think about
what I want and act accordingly.

· Todd Herman ·

26

투자에서 가장 위험한 말은
'이번에는 다르다'이다.
· 존 템플턴 ·

* * *

The four most dangerous words in investing are:
'this time it's different'.
· John Templeton ·

October

05

삼진에 대한 두려움으로

게임을 하지 못해서는 안 된다.

· 베이브 루스 ·

* * *

Never let the fear of striking out

keep you from playing the game.

· Babe Ruth ·

March

27

감사하는 마음을 가질 때
걱정은 사라지고 풍요로움이 찾아온다.

· 토니 로빈스 ·

* * *

When you are grateful,
fear disappears and abundance appears.

· Tony Robbins ·

October

04

자신을 다른 누구와도 절대 비교하지 말라.
그것은 자기 자신을 모욕하는 일이다.

· 빌 게이츠 ·

* * *

Don't compare yourself
with anyone in this world.
If you do so, you are insulting yourself.

· Bill Gates ·

March

28

부자는 '내 인생은 내가 만든다'라고 믿고,
가난한 사람은 '인생은 그저 나에게
일어나는 일'이라고 믿는다.

· T. 하브 에커 ·

* * *

Rich people believe 'I create my life'.
Poor people believe 'Life happens to me'.

· T. Harv Eker ·

October

03

주식 시장에서는 좋은 때와
나쁜 때가 번갈아 찾아온다.

· 보도 섀퍼 ·

* * *

On the stock exchange,
good and bad times follow each other.

· Bodo Schäfer ·

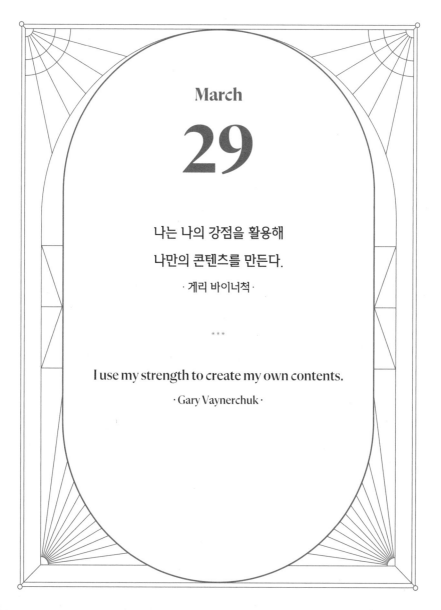

March

29

나는 나의 강점을 활용해
나만의 콘텐츠를 만든다.

· 게리 바이너척 ·

* * *

I use my strength to create my own contents.

· Gary Vaynerchuk ·

October

02

위대함은
위대한 생각을 통해서만 얻어진다.

· 월리스 와틀스 ·

* * *

Greatness is attained only
by thinking of great thoughts.

· Wallace Wattles ·

March

30

당신이 부자가 되려는 목적은
타인을 사랑하고 친절을 베풀며,
세상에서 진실을 찾는 데 도움을 주는
좋은 역할을 하기 위해서다.

· 월리스 와틀스 ·

* * *

You want to get rich in order that
you may love men and do kind things,
and be able to play a good part
in helping the world to find truth.

· Wallace Wattles ·

October

01

돈은 이 땅에서
최상의 즐거움을 누릴 수 있게 해준다.

· 조지 S. 클래이슨 ·

* * *

Money makes possible
the enjoyment of the best the earth affords.

· George S. Clason ·

March

31

성공은 행동과 연결되어 있다.

성공한 사람들은 계속해서 움직인다.

· 콘래드 힐튼 ·

* * *

Success seems to be connected with action.

Successful people keep moving.

· Conrad Hilton ·

October

April

September

30

나는 사람들이 소유한 것에 감동하지 않는다.

그들이 목표를 달성한 것에 감동한다.

· 토머스 J. 스탠리 ·

* * *

I am not impressed with what people own.

But I'm impressed with what they achieve.

· Thomas J. Stanley ·

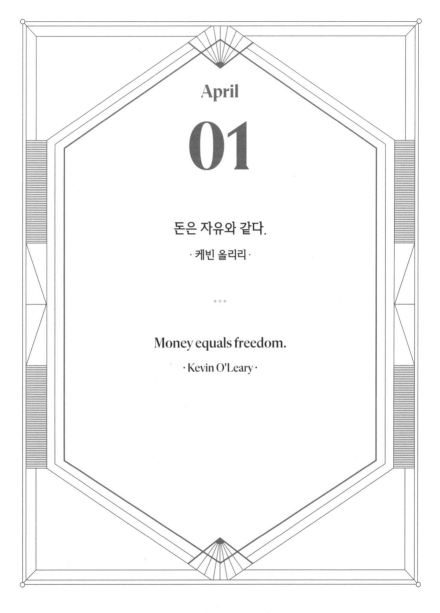

April

01

돈은 자유와 같다.

· 케빈 올리리 ·

* * *

Money equals freedom.

· Kevin O'Leary ·

부의 궁극적인 형태는 매일 아침 일어나서
"오늘은 내가 원하는 무엇이든 할 수 있다"라고
말할 수 있는 것이다.

· 모건 하우절 ·

* * *

The highest form of wealth is
the ability to wake up every morning and say,
"I can do whatever I want today."

· Morgan Housel ·

April

02

나는 어떠한 상황에서도
행복과 긍정적인 생각에 집중할 수 있다.

· 다니엘 G. 에이멘·

* * *

Nothing can stop me from being happy
and focusing on positive thoughts.

· Daniel G. Amen·

September

28

인생이란 절대 공평하지 않다.

이 사실에 익숙해지라.

· 빌 게이츠 ·

* * *

Life is not fair;

get used to it.

· Bill Gates ·

April

03

돈을 절약하는 것은 좋은 일이다.

그러나 돈을 투자하는 것은 더 좋은 일이다.

· 그랜트 카돈 ·

* * *

Saving money is a good thing.

But investing money is a better thing.

· Grant Cardone ·

September

27

마음이 넉넉하지 않는 한
진정한 부자가 아니다.

· 로이 T. 베넷 ·

* * *

You are not rich until
you have a rich heart.

· Roy T. Bennett ·

April

04

돈은 사람을 비추는 거울이다.

· 이즈미 마사토 ·

* * *

Money is a mirror that reflects a person.

· Izumi Masato ·

September

26

시간은 당신 인생의 동전이다.

다른 사람이 당신 대신

그 동전을 쓰지 않도록 조심하라.

· 칼 샌드버그 ·

* * *

Time is the coin of your life.

Be careful lest you let other people spend it for you.

· Carl Sandburg ·

April

05

주식 시장에서 수익은
고통과 고생에 대한 보상이다.
먼저 고통이 오고, 그다음 돈이 온다.

· 앙드레 코스톨라니 ·

* * *

Stock market profits are
compensation for pain and suffering.
First comes pain, then comes money.

· Andre Kostolany ·

25

부자가 되는 방법을 알려주겠다. 문을 닫으라.

다른 사람들이 탐욕을 부릴 때는 두려워하라.

다른 사람들이 두려워할 때는 욕심을 내라.

· 워런 버핏 ·

* * *

I will tell you how to become rich. Close the doors.

Be fearful when others are greedy.

Be greedy when others are fearful.

· Warren Buffett ·

06

고민거리에 대해 불평하지 말라.
그것들이 당신 수입의 절반 이상을 책임진다.

· 로버트 R. 업데그래프 ·

* * *

Never complain about your troubles;
they are responsible for
more than half of your income.

· Robert R. Updegraff ·

September

24

돈이 당신의 삶을 지배하게 두지 말고
당신의 삶을 더 잘 운영하는 데 도움 되게 하라.

· 존 램프턴 ·

* * *

Don't let money run your life,
let money help you run your life better.

· John Rampton ·

April

07

부와 풍요로운 삶은
우리 태도와 생각의 결과다.
· 월리스 와틀스 ·

* * *

Riches and abundance come as a result of
our attitude and thoughts.
· Wallace Wattles ·

September

23

나는 간단하고 작은 습관을 완수해

큰 목표를 이룬다.

· 윌리엄 H. 맥레이븐 ·

* * *

I achieve big goals

by completing simple and small habits.

· William H. McRaven ·

April

08

주가 변동을 적이 아닌 친구로 보라.
어리석음에 동참하지 말고
오히려 그것을 이용해서 이익을 내라.

· 워런 버핏 ·

* * *

Loot at market fluctuations as
your friend rather than your enemy;
profit from folly rather than participate in it.

· Warren Buffett ·

September

22

나는 미래의 감정을 현실처럼 실감하며
내 삶을 창조한다.

· 조 디스펜자 ·

* * *

I feel the future emotions as real
and create my life.

· Joe Dispenza ·

April

09

진정한 부는 자신의 조건에 맞게
삶을 살아갈 수 있는 능력이다.

· 엠제이 드마코 ·

* * *

**True wealth is the ability
to live life on your own terms.**

· MJ DeMarco ·

September

21

자신감은 위대한 과업의
첫 번째 요건이다.

· 새뮤얼 존슨 ·

* * *

Self-confidence is the first requisite
to great undertakings.

· Samuel Johnson ·

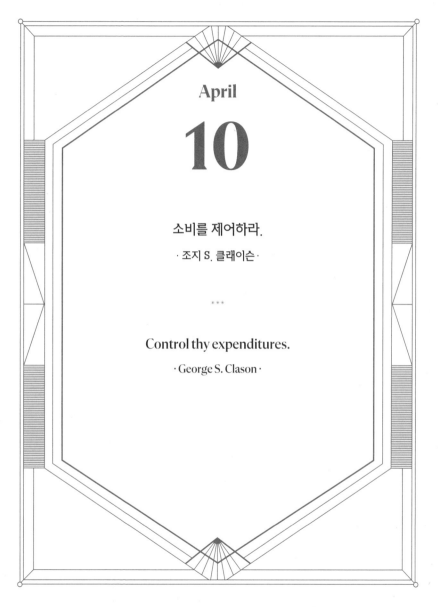

April

10

소비를 제어하라.

· 조지 S. 클래이슨 ·

* * *

Control thy expenditures.

· George S. Clason ·

September

20

우리 같은 사람들이 매우 똑똑해지려고 노력하는 대신,

일관되게 어리석지 않으려고 노력해서

얼마나 장기적인 이익을 얻었는지 보면 놀라울 정도다.

· 찰스 멍거 ·

* * *

It is remarkable how much long-term advantage

people like us have gotten by trying to be consistently

not stupid, instead of trying to be very intelligent.

· Charles Munger ·

April

11

당신은 배를 모는 선장과 같다.
잠재의식에 올바른 명령,
생각과 이미지를 제시해야 한다.

· 조셉 머피 ·

∗ ∗ ∗

You are like a captain navigating a ship.
You must give the right orders,
thoughts and images to your subconscious.

· Joseph Murphy ·

September

19

경제적 자유 통장을 만들라.

· T. 하브 에커 ·

* * *

Open your financial freedom account.

· T. Harv Eker ·

April

12

억만장자들은 수십억 명을 위해
가치를 창출한다.
· 라파엘 배지아그 ·

* * *

Billionaires create value
for billions of people.
· Rafael Badziag ·

September

18

성공은 두 번 이루어진다.

한 번은 마음속에서, 두 번째는 현실 세계에서.

· 아짐 프렘지 ·

* * *

Success is achieved twice.

Once in the mind

and the second time in the real world.

· Azim Premji ·

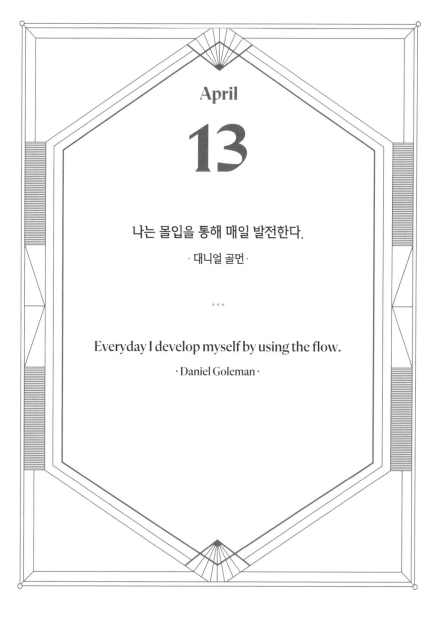

April

13

나는 몰입을 통해 매일 발전한다.

· 대니얼 골먼 ·

* * *

Everyday I develop myself by using the flow.

· Daniel Goleman ·

17

빚은 패자들의 전략이며,
이는 저축이 이기는 전략이라는 의미다.

· 보도 섀퍼 ·

* * *

Debt is a strategy for losers,
which means, saving is a winning strategy.

· Bodo Schäfer ·

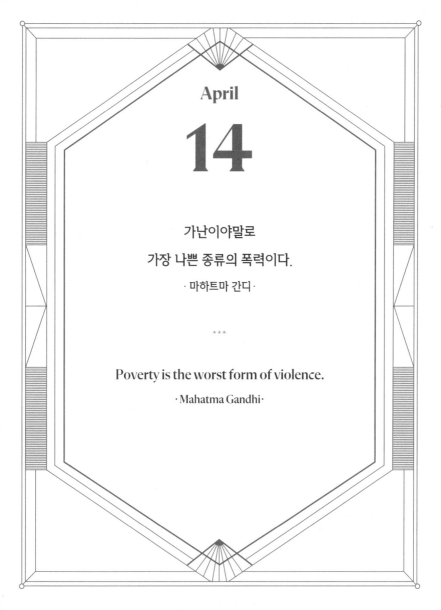

April

14

가난이야말로
가장 나쁜 종류의 폭력이다.
· 마하트마 간디 ·

* * *

Poverty is the worst form of violence.
· Mahatma Gandhi ·

September

16

우리가 무슨 생각을 하느냐가

어떤 사람이 되는지를 결정한다.

· 오프라 윈프리 ·

* * *

What we dwell on is who we become.

· Oprah Winfrey ·

April

15

부를 축적하는 것은
자본을 축적하는 것과 같다.
· 제임스 로스차일드 ·

* * *

Accumulating wealth is
equivalent to accumulating capital.
· James Rothschild ·

September

15

부는 대부분 습관의 결과다.

· 존 제이컵 애스터 ·

* * *

Wealth is largely the result of habit.

· John Jacob Astor ·

16

가난은 어리석게 사는 것이다.
부자는 지혜롭게 사는 법을 안다.

· 로버트 잉거솔 ·

* * *

Poverty is living foolishly;
the rich know how to live wisely.

· Robert Ingersoll ·

September

14

무언가를 바꾸기 위해서는
당신이 변화해야 한다.
· 짐 론 ·

* * *

For things to change,
you have to change.
· Jim Rohn ·

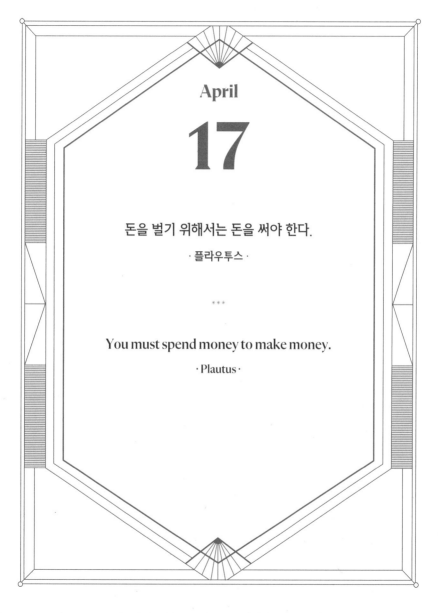

April

17

돈을 벌기 위해서는 돈을 써야 한다.

· 플라우투스 ·

* * *

You must spend money to make money.

· Plautus ·

September

13

모든 문제는 선물이다.

문제가 없다면 우리는 성장할 수 없다.

· 토니 로빈스 ·

* * *

Every problem is a gift.

Without problems, we would not grow.

· Tony Robbins ·

18

부의 진짜 비밀은 복리의 힘이다.

· 토니 로빈스 ·

* * *

The real secret to wealth is
the power of compound interest.

· Tony Robbins ·

September

12

만약 당신이 긍정적인 에너지가 아니라면
당신은 부정적인 에너지다.

· 마크 큐번 ·

* * *

If you're not positive energy,
you're negative energy.

· Mark Cuban ·

April

19

나는 나 자신과 타인을
모두 이롭게 하는 사람이다.

· 애덤 그랜트 ·

* * *

I am someone who benefits both
myself and others.

· Adam Grant ·

September

11

돈 버는 과정을 사랑해야 한다.
단지 최종 결과물만을 사랑해서는 안 된다.

· 게리 바이너척 ·

* * *

You have to love
the process of making money,
not just the end result.

· Gary Vaynerchuk ·

April

20

열매를 바꾸고 싶으면 뿌리부터 바꿔야 한다.
이처럼 당신의 겉모습을 바꾸고 싶으면
보이지 않는 내면부터 바꿔야 한다.

· T. 하브 에커 ·

* * *

If you want to change the fruits,
you will first have to change the roots.
If you want to change the visible,
you must first change the invisible.

· T. Harv Eker ·

September

10

한 가지 일을 잘 처리해야 한다.

그렇지 않으면 다른 일을 할 수 있는

권한을 얻지 못한다.

· 래리 페이지 ·

* * *

You need to get one thing done well,

or else you don't have permission to do anything else.

· Larry Page ·

21

투자로 큰 이익을 얻으려면
인내심이 필요하다.

· 필립 피셔 ·

* * *

The need for patience if big profits are
to be made from investment.

· Philip Fisher ·

September

09

현금을 가진 사람이 우위에 있다.

· 『탈무드』 ·

* * *

The person with the cash

has the upper hand.

· 『Talmud』 ·

매일 감사를 더 많이 표현할수록

당신의 삶에 더 좋은 일이 찾아올 것이다.

· 론다 번 ·

* * *

The more you use gratitude every day,

the greater the good you will bring into your life.

· Rhonda Byrne ·

해야 할 일이 있을 때는 실행하라!

· 베르나르 아르노 ·

* * *

When something has to be done, do it!

· Bernard Arnault ·

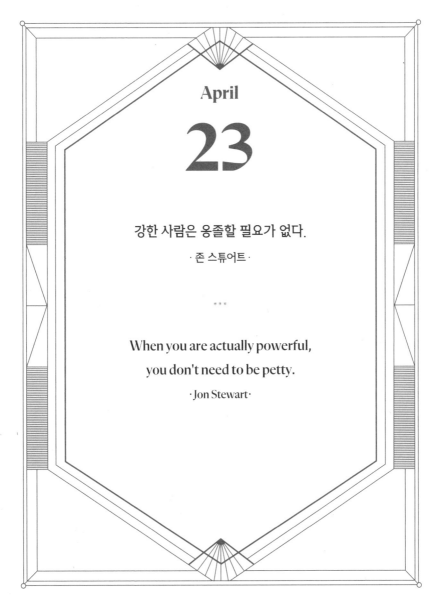

23

강한 사람은 옹졸할 필요가 없다.

· 존 스튜어트 ·

* * *

When you are actually powerful,
you don't need to be petty.

· Jon Stewart ·

September

07

무지한 사람들의 말을 듣는 것은
해답이 전혀 없는 것보다 더 나쁘다.

· 레이 달리오 ·

* * *

Listening to uninformed people is worse
than having no answers at all.

· Ray Dalio ·

April

24

다른 사람에게 당신의 대본을
쓰게 하지 말라.
· 오프라 윈프리 ·

* * *

Don't let other people write your script.
· Oprah Winfrey ·

06

돈은 산소와 같아서
부족해야 중요성을 느낀다.

· 존 소포릭 ·

* * *

Money, like oxygen, is not too important
until there is not enough of it.

· John Soforic ·

April

25

부자가 되기 위해서는
먼저 부자로 사는 법을 배워야 한다.

· 로버트 기요사키 ·

* * *

To become wealthy,
one must first learn how to live
as a wealthy person.

· Robert Kiyosaki ·

September

05

다른 사람을 부유하게 하지 않는 자는
절대 부자가 되지 못한다.

· 앤드루 카네기 ·

* * *

No man can become rich
without himself enriching others.

· Andrew Carnegie ·

April

26

당신이 영원히 가지게 될
유일한 재산은 기부한 재산이다.

· 마르쿠스 아우렐리우스 ·

* * *

The only wealth which you will keep forever
is the wealth you have given away.

· Marcus Aurelius ·

September

04

문제에 관한 100가지 해결책 중
99가지는 돈과 관련되어 있다.

· 맬컴 포브스 ·

* * *

Of the hundred possible solutions to a problem,
ninety-nine of them involve money.

· Malcolm Forbes ·

April

27

부자는 기회를
기다리지 않고 만들어낸다.
· 조지 버나드 쇼 ·

* * *

Wealthy people don't wait for opportunities,
they create them.
· George Bernard Shaw ·

03

돈은 이 세상의 물질적 성공을
측정하는 수단이다.

· 조지 S. 클래이슨 ·

* * *

Money is the medium
by which earthly success is measured.

· George S. Clason ·

28

돈은 그저 도구일 뿐이다.

어떻게 사용하느냐에 따라 그 가치가 결정된다.

· 나폴레온 힐 ·

* * *

Money is just a tool.

It's value is determined by how it is used.

· Napoleon Hill ·

September

02

당신의 기운을 북돋우는 가장 좋은 방법은

다른 사람을 격려하는 것이다.

· 마크 트웨인 ·

* * *

The best way to cheer yourself up is

to try to cheer somebody else up.

· Mark Twain ·

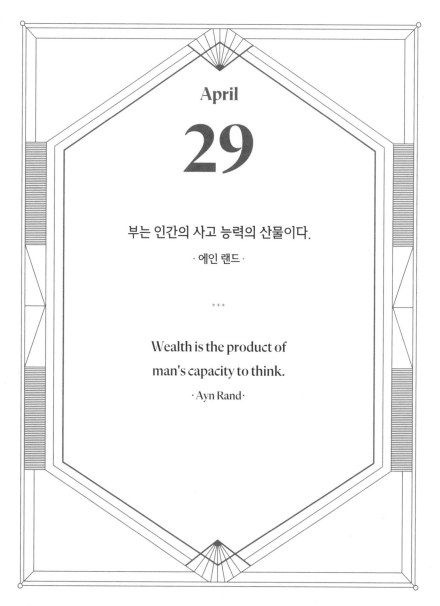

April

29

부는 인간의 사고 능력의 산물이다.

· 에인 랜드 ·

* * *

Wealth is the product of
man's capacity to think.

· Ayn Rand ·

September

01

백만 달러 이상을 목표로 하라.
지구에는 돈이 부족한 게 아니라
크게 생각하지 않는 사람이 부족한 것뿐이다.

· 그랜트 카돈 ·

* * *

I encourage you to go for more than a million.
There is no shortage of money on this planet,
only a shortage of people thinking big enough.

· Grant Cardone ·

April

30

부는 실현되기 전
마음가짐에서 탄생한다.

· 밥 프록터 ·

* * *

Wealth is a mindset before
it becomes a reality.

· Bob Proctor ·

September

May

August

31

돈을 쫓아서 부자가 되는 것이 아니라
문제를 해결하면서 부자가 된다.

· 엠제이 드마코 ·

* * *

You don't get rich by chasing money;
you get rich by solving problems.

· MJ DeMarco ·

May

01

나는 가난한 환경에서 자라났다.
하지만 꿈은 가난하지 않았다.

· 매직 존슨 ·

* * *

I grew up poor.
But I didn't have poor dreams.

· Magic Johnson ·

30

돈은 사람을 변화시키지 않는다.

돈은 사람의 본성을 드러낸다.

· 수지 오먼 ·

* * *

Money doesn't change people;

it reveals their true nature.

· Suze Orman ·

May

02

과거를 보내버리고
새로운 미래를 창조하라.
· 조 디스펜자 ·

* * *

Let go of the past
and create a new future.
· Joe Dispenza ·

August

29

젊은 사람에게 꼭 해주고 싶은 말은,

아무리 적은 돈이라도

조금씩 저축하라는 것이다.

· 앤드루 카네기 ·

* * *

I should say to young men,

no matter how little it may be possible to save,

save that little.

· Andrew Carnegie ·

May

03

돈은 분뇨와 같아서
널리 퍼지지 않으면 좋지 않다.

· 프랜시스 베이컨 ·

* * *

Money is like muck,
not good unless it is spread.

· Francis Bacon ·

28

복잡한 투자는 피하라.

· 존 램프턴 ·

* * *

Stay away from complex investments.

· John Rampton ·

May

04

행복은 돈으로 살 수 없지만

가난으로도 살 수 없다.

· 레오 로스텐 ·

* * *

Money can't buy happiness,

but neither can poverty.

· Leo Rosten ·

27

나의 성공은 최고의 조언을 들은 다음
잊고 정반대로 한 덕분이다.

· G. K. 체스터턴 ·

* * *

I owe my success to having
listened respectfully to the very best advice,
and then going away and doing the exact opposite.

· G. K. Chesterton ·

May

05

우리가 재물에 명령하면
우리는 부유하고 자유로운 것이다.
그러나 재물이 우리에게 명령하면 가난한 것이다.

· 에드먼드 버크 ·

* * *

If we command our wealth,
we shall be rich and free;
if our wealth commands us, we are poor indeed.

· Edmund Burke ·

경제적 빈곤은 문제가 아니다.

생각의 빈곤이 문제다.

· 켄 하쿠타 ·

* * *

Lack of money is no obstacle.

Lack of an idea is an obstacle.

· Ken Hakuta ·

May

06

돈은 목표가 아니다.

자유가 목표다.

· 게리 바이너척 ·

* * *

Money is not the goal; freedom is.

· Gary Vaynerchuk ·

25

가장 좋은 복수는 대단한 성공이다.

· 이즈미 마사토 ·

* * *

The best revenge is massive success.

· Izumi Masato ·

May

07

돈 생각을 떨쳐내는 유일한 방법은

돈을 많이 갖는 것이다.

· 이디스 워튼 ·

* * *

The only way not to think about money is

to have a great deal of it.

· Edith Wharton ·

August

24

당신이 가장 두려워하는 것은

힘이 없다.

· 오프라 윈프리 ·

* * *

The thing you fear most has

no power.

· Oprah Winfrey ·

May

08

돈의 가치를 알고 싶거든
가서 돈을 조금 빌려보라.
돈을 빌리러 가는 것은 슬픔을 빌리러 가는 것이다.

· 벤저민 프랭클린 ·

* * *

If you would know the value of money,
go try to borrow some;
for he that goes a-borrowing goes a-sorrowing.

· Benjamin Franklin ·

재정적으로 앞서 나가는 유일한 방법은
버는 것보다 적게 쓰고
차액을 현명하게 투자하는 것이다.

· 레이 달리오 ·

* * *

The only way to get ahead financially is
to spend less than you earn
and invest the difference wisely.

· Ray Dalio ·

May

09

돈이 돈을 번다.

· 존 레이 ·

* * *

Money begets money.

· John Ray ·

August

22

성공은 모든 것을 갖는 것이 아니라
당신이 원하는 것을 갖는 것이다.

· 스튜어트 와일드 ·

* * *

Success is not having everything,
but having the things you want.

· Stuart Wilde ·

10

어리석은 자는 돈과 곧 떨어지게 돼 있다.

· 토머스 터서 ·

* * *

A fool and his money are soon parted.

· Thomas Tusser ·

August

21

고요함 속에서
당신이 원하는 것들에 집중하라.

· 존 소포릭 ·

* * *

In the silence,
concentrate on the things you want.

· John Soforic ·

May

11

자본이 악이 아니라
자본의 잘못된 사용이 악이다.
자본은 어떤 형태로든 항상 필요하다.

· 마하트마 간디 ·

* * *

Capital as such is not evil;
it is its wrong use that is evil.
Capital in some form or other,
will always be needed.

· Mahatma Gandhi ·

August

20

부는 많은 근심을 해결해준다.

· 메난드로스 ·

* * *

Riches cover a multitude of woes.

· Menandros ·

May

12

시작하기 위해서 위대해질 필요는 없지만
위대해지기 위해서는 시작해야 한다.

· 지그 지글러 ·

* * *

You don't have to be great to start,
but you have to start to be great.

· Zig Ziglar ·

August

19

늘 명심하라.

비루한 열망은 비루한 결과를 가져온다.

· 나폴레온 힐 ·

* * *

Keep this constantly in mind.

Weak desire brings weak results.

· Napoleon Hill ·

May

13

부는 내면에서 바깥으로 흐른다.

· 밥 프록터 ·

* * *

Wealth flows from the inside out.

· Bob Proctor ·

August

18

작은 지출에 주의하라.

작은 누수가 큰 배를 가라앉힌다.

· 벤저민 프랭클린 ·

* * *

Beware of little expenses.

A small leak will sink a great ship.

· Benjamin Franklin ·

14

약한 사람들은 경쟁하고
강한 사람들은 지배한다.

· 그랜트 카돈 ·

* * *

The weak compete.
The strong dominate.

· Grant Cardone ·

17

비즈니스에 있어서 간단한 원칙은,
쉬운 일부터 시작하면
많은 진전을 이루어낼 수 있다는 것이다.

· 마크 저커버그 ·

* * *

I think a simple rule of business is,
if you do the things that are easier first,
then you can actually make a lot of progress.

· Mark Zuckerberg ·

May

15

평범함은 멋진 것의 반대다.

멋진 존재가 돼라.

· 알렉스 베커 ·

* * *

Normal is the opposite of awesome.

Be awesome.

· Alex Becker ·

뒤집어 생각하라.

상황이나 문제를 뒤집어 생각하라.

· 찰스 멍거 ·

* * *

Invert, always invert:

turn a situation or problem upside down.

· Charles Munger ·

16

돈은 80%의 행동, 20%의 지식이다.

그것은 당신이 행하는 것이지 아는 것이 아니다.

· 데이브 램지 ·

* * *

Money is 80% behavior, 20% head knowledge.

It's what you do, not what you know.

· Dave Ramsey ·

August

15

백만장자들은
꾸준히 저축하고 투자하는 습관이 있다.
· 토머스 J. 스탠리 ·

* * *

Millionaires have a habit of
saving and investing regularly.
· Thomas J. Stanley ·

어떤 사람이 후하게 나누어주는 것을 보면

그의 부가 늘어남을 의미하는 것이고,

자선을 거절하면 그의 부가 줄어든다는 의미다.

· 『탈무드』 ·

* * *

Seeing a man generously distributed means

that his wealth will increase,

and refusing charity will reduce his wealth.

· 『Talmud』 ·

14

미래의 부를 예측하는 가장 큰 요소는
돈을 저축하는 것이다.

· 모건 하우절 ·

* * *

The single greatest predictor of future wealth
is saving money.

· Morgan Housel ·

May

18

나는 내 인생의 롤 모델을 정해
성공의 습관을 꾸준히 따라 할 것이다.

· 제이 셰티 ·

* * *

I will set a role model in my life
and consistently follow habits of success.

· Jay Shetty ·

13

당신이 원하는 것이 이루어진 것처럼 느끼고
관심이 따르는 경로를 관찰하라.

· 네빌 고다드 ·

* * *

Assume the feeling of your wish fulfilled
and observe the route that your attention follows.

· Neville Goddard ·

빈곤은 부의 부재만이 아니라
기회, 선택, 자유의 부재이기도 하다.

· 아마르티아 센 ·

* * *

Poverty is not just the absence of wealth;
it is also the absence of
opportunities, choices, and freedom.

· Amartya Sen ·

August

12

부자가 되고 싶다면
크게 생각하고, 다르게 생각하라.
· 로버트 기요사키 ·

* * *

If you want to be rich,
think big, think differently.
· Robert Kiyosaki ·

May

20

행운의 여신은
행동하는 사람에게 찾아온다.
· 조지 S. 클래이슨 ·

· · ·

Men of action are favored
by the Goddess of good luck.
· George S. Clason ·

August

11

최선으로 나아가기 위해
차선을 버리는 것을 두려워하지 말라.

· 존 록펠러 ·

* * *

Don't be afraid to give up
the good to go for the great.

· John Rockefeller ·

May

21

성공은 돈을 버는 것만이 아니라
가치를 창출하는 것이다.

· 스튜어트 와일드 ·

* * *

Success is about creating value,
not just making money.

· Stuart Wilde ·

세상에 공짜 점심은 없다.

· 밀턴 프리드먼 ·

* * *

There's no such thing as a free lunch.

· Milton Friedman ·

성공의 중요한 원칙 중 하나는
한 걸음 더 나아가는 습관을 기르는 것이다.

· 나폴레온 힐 ·

* * *

One of the most important principles of success is
developing the habit of going the extra mile.

· Napoleon Hill ·

August

09

승패의 차이는
대부분 그만두지 않는 데 있다.

· 월트 디즈니 ·

* * *

The difference between winning and losing
is most often not quitting.

· Walt Disney ·

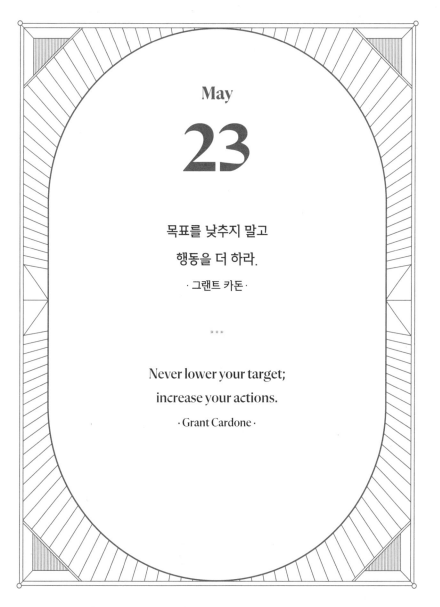

May

23

목표를 낮추지 말고
행동을 더 하라.

· 그랜트 카돈 ·

* * *

Never lower your target;
increase your actions.

· Grant Cardone ·

최고의 투자자는 가장 겸손하다.

· 켄 피셔 ·

* * *

The best investors are the most humble.

· Ken Fisher ·

부자로 남는 방법은 하나뿐이다.
검소함과 편집증이 어느 정도
조합을 이루어야 한다.

· 모건 하우절 ·

* * *

There's only one way to stay wealthy:
some combination of frugality and paranoia.

· Morgan Housel ·

모든 위대한 꿈은
꿈꾸는 사람으로부터 시작된다.

· 해리엇 터브먼 ·

* * *

Every great dream
begins with a dreamer.

· Harriet Tubman ·

May

25

부자가 되기 위해서는
우주의 힘을 이해하고 사용해야 한다.

· 월리스 와틀스 ·

* * *

To become rich,
one must understand and utilize
the cosmic forces.

· Wallace Wattles ·

아무것도 안 하고 가만히 있으면서
무언가를 달성했다는 사례를
단 한 번도 들어본 적이 없다.

· 찰스 케터링 ·

* * *

I never heard of anyone ever
stumbling on something sitting down.

· Charles Kettering ·

돈을 축적하는 것은
여러 장애물을 견뎌내는 강한 목적의 결실이다.

· 존 소포릭 ·

* * *

The accumulation of money is
the fruition of a strong purpose that
endures despite the obstacles.

· John Soforic ·

05

투자의 중요한 열쇠는
주식이 복권이 아님을 기억하는 것이다.
· 피터 린치 ·

* * *

An important key to investing is to remember
that stocks are not lottery tickets.
· Peter Lynch ·

May

27

당신의 생각은 실현된다.

좋은 생각을 선택하라.

· 밥 프록터 ·

* * *

Your thoughts become things;

choose the good ones.

· Bob Proctor ·

August

04

부자가 되는 열쇠는
당신의 기부 기준을 높이는 것이다.
· 에드윈 게인스 ·

* * *

The key to wealth is
to increase your standard of giving.
· Edwene Gaines ·

28

개인마다 다룰 수 있는 돈의 크기가 다르며,
돈을 다루는 능력은 많이 연습해야 는다.

· 이즈미 마사토 ·

* * *

The size of money one can handle varies
among individuals, and the ability to handle money
improves with much practice.

· Izumi Masato ·

03

억만장자들은 그저 열심히 일하는 것보다
시스템과 레버리지를 만드는 데 집중한다.

· 라파엘 배지아그 ·

* * *

Billionaires focus on
creating systems and leverage,
rather than just working harder.

· Rafael Badziag ·

May

29

빚보다 더 전염성이 강한
콜레라, 황열, 천연두는 없다.

· 앤서니 트롤럽 ·

* * *

There is no cholera, no yellow-fever,
no small-pox more contagious than debt.

· Anthony Trollope ·

돈 버는 능력을 키우라.

· 조지 S. 클래이슨 ·

* * *

Increase thy ability to earn.

· George S. Clason ·

30

간단하지만 배우기 어려운 사실은

돈을 가지고 있을 때가

바로 저축해야 할 시기라는 것이다.

· 조 무어 ·

* * *

A simple fact that is hard to learn

is that the time to save money

is when you have some.

· Joe Moore ·

August

01

돈을 관리하는 습관이
돈의 양보다 훨씬 중요하다.

· T. 하브 에커 ·

* * *

The habit of managing your money
is more important than the amount.

· T. Harv Eker ·

May

31

당신이 믿어온 모든 것이
당신의 오늘을 만든다.
· 오프라 윈프리 ·

* * *

You are where you are today in your life
based on everything you have believed.
· Oprah Winfrey ·

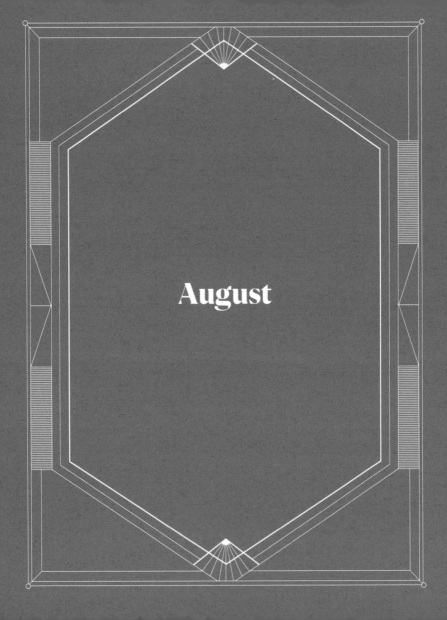

August

June

July

31

우주에서 가장 강력한 힘은 복리다.

· 워런 버핏 ·

* * *

The most powerful force in the universe
is compound interest.

· Warren Buffett ·

June

01

저축을 자동화할수록
저축하기 더 쉬워진다.
· 데이비드 바크 ·

* * *

The more automatic
you can make your savings,
the easier it will be to actually save.
· David Bach ·

30

절박하게 팔면, 항상 싸게 팔게 된다.

· 피터 린치 ·

* * *

When you sell in desperation,
you always sell cheap.

· Peter Lynch ·

June

02

중요한 것은 당신이 맞느냐 틀리느냐가 아니라
당신이 옳을 때 얼마나 많은 돈을 벌고
틀릴 때 얼마나 많은 돈을 잃었느냐다.

· 조지 소로스 ·

* * *

It's not whether you're right or wrong
that's important, but how much money
you make when you're right and how much
you lost when you're wrong.

· George Soros ·

July

29

당신이 원하는 것을 상상하라.

보고, 느끼고, 믿으라.

마음의 청사진을 만들고 시작하라.

· 로버트 콜리어 ·

* * *

Visualize this thing you want.

See it, feel it, believe in it.

Make your mental blueprint and begin.

· Robert Collier ·

June

03

정말 자세히 보면
대부분의 갑작스러운 성공에는
오랜 시간이 걸렸다.

· 스티브 잡스 ·

* * *

If you really look closely,
most overnight successes took a long time.

· Steve Jobs ·

28

억만장자들은 지속적인 배움과
개인적인 성장의 중요성을 안다.

· 라파엘 배지아그 ·

* * *

Billionaires understand the importance
of continuous learning and personal growth.

· Rafael Badziag ·

June

04

투자는 물감이 마르거나 잔디가 자라는 것을
지켜보는 것과 비슷해야 한다.

· 켄 피셔 ·

* * *

Investing should be
more like watching paint dry
or watching grass grow.

· Ken Fisher ·

July

27

기회가 오지 않을 때는 현금을 보유하라.

· 세스 클라먼 ·

* * *

Hold cash when opportunities are
not presenting themselves.

· Seth Klarman ·

June

05

우리 모두가 가진
가장 강력한 자산은 마음이다.
마음을 잘 훈련하면
즉시 거대한 부를 창출할 수 있다.

· 토니 로빈스 ·

* * *

The single most powerful asset we all have is
our mind. If it is trained well, it can create
enormous wealth seemingly instantaneously.

· Tony Robbins ·

July

26

투자는 간단하면서도 어렵다.

· 배리 리트홀츠 ·

* * *

Investing is both simple and hard.

· Barry Ritholtz ·

June

06

간단할수록 좋다.

· 피터 린치 ·

* * *

The simpler it is, the better I like it.

· Peter Lynch ·

July

25

나는 내 인생의 넘치는 풍요로움에 감사한다.

· 카일 시즈 ·

* * *

I am grateful for
the overwhelming abundance in my life.

· Kyle Cease ·

June

07

최고의 자산은 건강이다.

· 랠프 월도 에머슨 ·

* * *

The first wealth is health.

· Ralph Waldo Emerson ·

July

24

사람들이 당신의 목표를 비웃지 않는다면
당신의 목표는 너무 작은 것이다.

· 아짐 프렘지 ·

* * *

If people are not laughing at your goals,
your goals are too small.

· Azim Premji ·

08

은행원은 햇빛이 쨍할 때 우산을 빌려주지만

비가 내리기 시작하는 순간

돌려받기를 원하는 사람이다.

· 마크 트웨인 ·

* * *

A banker is a fellow who lends you

his umbrella when the sun is shining,

but wants it back the minute it begins to rain.

· Mark Twain ·

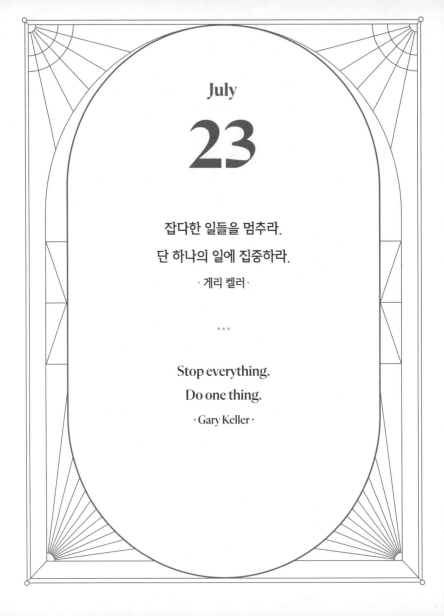

July

23

잡다한 일들을 멈추라.
단 하나의 일에 집중하라.
· 게리 켈러 ·

* * *

Stop everything.
Do one thing.
· Gary Keller ·

June

09

그저 꿈만 꾸지 말고, 하라.

· 로이 T. 베넷 ·

* * *

Don't just dream, do.

· Roy T. Bennett ·

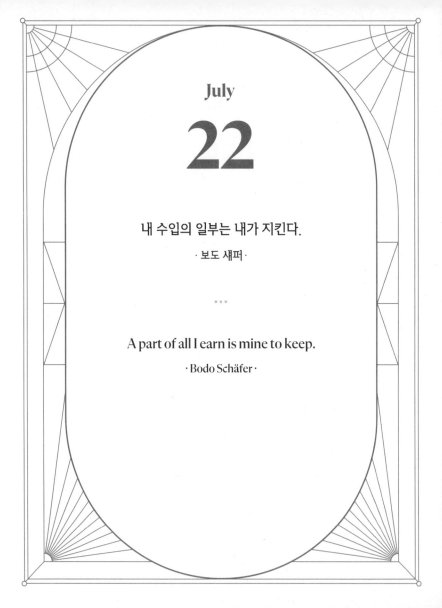

July

22

내 수입의 일부는 내가 지킨다.

· 보도 섀퍼 ·

* * *

A part of all I earn is mine to keep.

· Bodo Schäfer ·

10

당신의 소득 내에서 생활하고
투자할 수 있도록 저축하라.
배워야 할 것을 배우라.

· 찰스 멍거 ·

* * *

Live within your income
and save so you can invest.
Learn what you need to learn.

· Charles Munger ·

July

21

다시 일어서는 것은
사업, 재정, 인간관계, 건강 등
인생 전반에서 성공의 열쇠다.

· 빈스 롬바디 ·

* * *

Getting back up is the key to success in
all areas of life, business, finances,
relationships, and health.

· Vince Lombardi ·

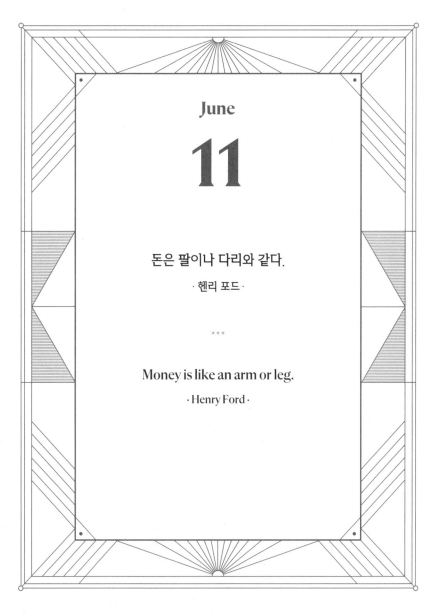

June

11

돈은 팔이나 다리와 같다.

· 헨리 포드 ·

* * *

Money is like an arm or leg.

· Henry Ford ·

July

20

시작하는 방법은 말을 멈추고
실행하는 것이다.

· 월트 디즈니 ·

* * *

The way to get started is to quit talking
and begin doing.

· Walt Disney ·

June

12

그것이 돈의 문제일 때

모든 사람은 같은 종교를 믿는다.

· 볼테르 ·

* * *

When it is a question of money,

everybody is of the same religion.

· Voltaire ·

July

19

부자들을 좋아하지 않는 한

부자가 될 수 없다.

· 더글러스 커플런드 ·

* * *

You can never become rich

unless you like rich people.

· Douglas Coupland ·

June

13

당신의 가치는 당신이 가진 것이 아니라

당신 자신에게 있다.

· 토머스 에디슨 ·

* * *

Your worth consists in what you are

and not in what you have.

· Thomas Edison ·

July

18

변화가 두려운가?
그렇다면 실패하라.

· 로버트 기요사키 ·

* * *

Afraid of change?
Then fail.

· Robert Kiyosaki ·

June

14

나는 다른 사람의 재능에 의지해
나의 재능을 키웠다.

· 마이클 조던 ·

· · ·

I built my talents
on the shoulders of someone else's talent.

· Michael Jordan ·

July

17

'나중에'는 항상 내 첫 번째 선택이다.

· 메이슨 쿨리 ·

* * *

Later is always my first choice.

· Mason Cooley ·

June

소비하기 전에 벌라. 투자하기 전에 조사하라.
비판하기 전에 기다리라. 포기하기 전에 시도하라.
은퇴하기 전에 저축하라. 죽기 전에 기부하라.

· 윌리엄 A. 워드 ·

* * *

Before you spend, earn. Before you invest,
investigate. Before you criticize, wait.
Before you quit, try. Before you retire, save.
Before you die, give.

· William A. Ward ·

July

16

부는 축적하는 것이지 소비하는 것이 아니다.

· 토머스 J. 스탠리 ·

* * *

Wealth is what you accumulate,

not what you spend.

· Thomas J. Stanley ·

June

16

돈은 자기 에너지다.
당신은 생각과 감정에서 내뿜는 신호를 통해
모든 것을 끌어들이는 자석이다.

· 론다 번 ·

* * *

Money is magnetic energy.
You are a magnet attracting to you all things,
via the signal you are emitting through
your thoughts and feelings.

· Rhonda Byrne ·

July

15

당신이 어제에 대해 계속 생각한다면

더 나은 내일을 맞을 수 없다.

· 찰스 케터링 ·

* * *

You can't have a better tomorrow

if you are thinking about yesterday all the time.

· Charles Kettering ·

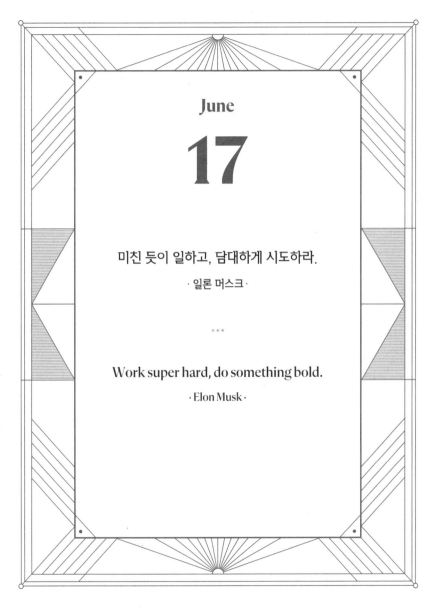

June

17

미친 듯이 일하고, 담대하게 시도하라.

· 일론 머스크 ·

* * *

Work super hard, do something bold.

· Elon Musk ·

July

14

부는 세상에 가치를 더하는
과정의 부산물이다.

· 엠제이 드마코 ·

* * *

Wealth is a byproduct of
adding value to the world.

· MJ DeMarco ·

June

18

경쟁사들이 우리에게 집중하는 동안
우리는 고객에게 집중한다.

· 제프 베이조스 ·

* * *

Keep our competitors focused on us,
while we stay focused on the customer.

· Jeff Bezos ·

July

13

좋게 만들 수 없다면
적어도 좋아 보이게 만들라.

· 빌 게이츠 ·

* * *

If you can't make it good,
at least make it look good.

· Bill Gates ·

June

19

우량주를 사라.

그런 다음 수면제를 먹고 뉴스는 끊으라.

몇 년 후 당신은 부자가 되어 있을 것이다.

· 앙드레 코스톨라니 ·

* * *

Buy stocks, take sleeping pills,

and stop looking at the papers.

After many years, you will see: you'll be rich.

· Andre Kostolany ·

12

무엇이든 하라.

· 그랜트 카돈 ·

* * *

Whatever it takes.

· Grant Cardone ·

June

20

성공은 수천 번의
작은 노력으로 만들어지는 결과다.

· 엠제이 드마코 ·

* * *

Success is the result of making
a thousand small efforts.

· MJ DeMarco ·

July

11

원하는 대로 되는 게 아니라
믿는 대로 되는 것이다.
· 오프라 윈프리 ·

* * *

You don't become what you want,
you become what you believe.
· Oprah Winfrey ·

June

21

투자자에게 가장 중요한 것은
지성보다 기질이다.

· 워런 버핏 ·

* * *

The most important quality for an investor
is temperament, not intellect.

· Warren Buffett ·

July

10

인생에서 가장 큰 즐거움은
사람들이 당신은 할 수 없다고 말하는
일을 해내는 것이다.

· 월터 배젓 ·

* * *

The greatest pleasure in life is
doing what people say you cannot do.

· Walter Bagehot ·

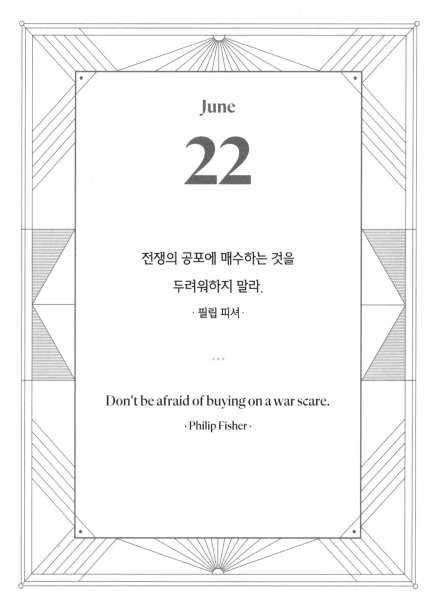

June

22

전쟁의 공포에 매수하는 것을

두려워하지 말라.

· 필립 피셔 ·

* * *

Don't be afraid of buying on a war scare.

· Philip Fisher ·

July

09

나는 나 자신에게 보상하기 위해
돈을 투자하고 불린다.

· 크리스 호건 ·

* * *

I invest and grow my money
to reward myself.

· Chris Hogan ·

June

23

성공을 위한 비용을 정의하고
기꺼이 지불하라.
가치 있는 것 중에 공짜는 없다.

· 모건 하우절 ·

* * *

Define the cost of success and ready to pay it.
Because nothing worthwhile is free.

· Morgan Housel ·

July

08

거울 속 자신의 모습을 겁내지 말라.

우리는 모두 위대하다.

· 데이비드 고긴스 ·

* * *

Don't be afraid of the reflection in mirror.

We are all great.

· David Goggins ·

June

24

자신을 믿으라.
평생 행복하게 살아가는 자신의 모습을 만들라.

· 골다 메이어 ·

* * *

Trust yourself. Create the kind of self
that you will be happy to live with all your life.

· Golda Meir ·

당신의 생각과 믿음이
당신의 재정적인 현실을 만든다.

· 밥 프록터 ·

* * *

Your thoughts and beliefs shape
your financial reality.

· Bob Proctor ·

June

25

말에는 강력한 힘이 있다.
당신은 피해자의 언어를 선택하겠는가,
리더의 언어를 선택하겠는가.

· 로빈 샤르마 ·

* * *

Words have power.
Use the language of leadership
versus the vocabulary of a victim.

· Robin Sharma ·

July

06

늘 명심하라.
성공하겠다는 당신의 결심이
다른 어떤 것보다 중요하다는 것을.

· 에이브러햄 링컨 ·

* * *

Always bear in mind
that your own resolution to succeed
is more important than any one thing.

· Abraham Lincoln ·

June

26

현금 흐름을 보면
그 사람이 돈을 어떻게 다루는지 알 수 있다.
· 로버트 기요사키 ·

* * *

Cash flow tells the story of
how a person handles money.
· Robert Kiyosaki ·

July

05

그저 비판만 하지 말고, 격려하라.

· 로이 T. 베넷 ·

* * *

Don't just criticize, encourage.

· Roy T. Bennett ·

June

27

주식 시장을 이기는 것은 어려운 일이다.

· 존 템플턴 ·

* * *

Outperforming the market is a difficult task.

· John Templeton ·

July

04

실패로부터 성공을 끌어내라.

좌절과 실패는 성공에 이르는 확실한 디딤돌이다.

· 데일 카네기 ·

* * *

Develop success from failures.

Discouragement and failure are

two of the surest stepping stones to success.

· Dale Carnegie ·

June

28

시간이 없다는 것은
사실 우선순위가 없다는 것이다.

· 팀 페리스 ·

* * *

Lack of time is actually lack of priorities.

· Tim Ferris ·

July

03

큰돈은 매매가 아니라…
기다림 속에서 벌 수 있다.

· 찰스 멍거 ·

* * *

The big money is
not in the buying and selling…,
but in the waiting.

· Charles Munger ·

29

돈을 쫓지 말고 열정을 쫓으라.

돈은 그 뒤를 따를 것이다.

· 게리 바이너척 ·

* * *

Don't chase money, chase passion.

The money will follow.

· Gary Vaynerchuk ·

July

02

투자에서 가장 위험한 일은
시장의 일시적인 유행을 따르는 것이다.

· 존 템플턴 ·

* * *

The most dangerous thing in investing is
following the temporary trends of the market.

· John Templeton ·

June

30

부는 지혜로운 사람의 노예이자
바보의 주인이다.

· 루키우스 세네카 ·

* * *

Wealth is the slave of a wise man.
The master of a fool.

· Lucius Seneca ·

July

01

시간을 마음대로 쓸 수 있는 게
돈이 주는 가장 큰 배당금이다.

· 모건 하우절 ·

* * *

Controlling your time is
the highest dividend money pays.

· Morgan Housel ·

July